Christopher Ross

schreibt romantische Abenteuer mit Spannung und Gefühl. Durch Bestseller wie »Das Geheimnis der Wölfe« und »Mein Freund, der Husky« wurde er einem großen Publikum bekannt. Auf zahlreichen Reisen und während längerer Aufenthalte in den USA, Alaska und Kanada entdeckte er seine Vorliebe für diese Länder, die bevorzugten Schauplätze seiner erfolgreichen Romane.

Von Christopher Ross bereits erschienen:
Die Rückkehr der weißen Wölfe
Mein Freund, der Husky
Die Gefährtin des Wolfs
Die Nacht der Wale
Im Zauber des Nordlichts
Das Geheimnis der Wölfe

Christopher Ross

Wilde Pferde
in Gefahr

UEBERREUTER

Das säurefreie und alterungsbeständige Papier EOS liefert Salzer, St. Pölten
(hergestellt aus chlorfrei gebleichtem Zellstoff aus nachhaltiger Forstwirtschaft).

ISBN 978-3-8000-5537-1
Alle Rechte vorbehalten. Das Werk darf – auch teilweise –
nur mit Genehmigung des Verlages wiedergegeben werden.
Umschlaggestaltung von init, Büro für Gestaltung, Bielefeld,
unter Verwendung von Fotos von Corbis, Düsseldorf
Copyright © 2010 by Verlag Carl Ueberreuter, Wien
Gedruckt in Österreich
3 5 7 6 4 2

Ueberreuter im Internet: www.ueberreuter.at

1

Peggy Corbett beugte sich im Sattel nach vorn und tätschelte ihrem Wallach den Hals. »Lass mich nicht im Stich, Dusty!«, feuerte sie ihn an. »Ich weiß, dass Dixie kaum noch zu schlagen ist, aber wir müssen es wenigstens versuchen. Zeig den Leuten, dass du schneller bist als ihr weißes Angeberpferd!«

Ein verhaltenes Schnauben zeigte ihr an, dass Dusty wusste, was sie wollte. Sie lenkte ihn mit einem leichten Schenkeldruck zur Ziellinie und blieb vor der Markierung stehen, die Zügel in der linken Hand, die rechte erhoben, um sie beim Startsignal sofort auf die Hinterhand des Pferdes sausen zu lassen.

Sie spürte die erwartungsvolle Spannung, die über den Fairgrounds von Reno lag. Obwohl sie ihren Stetson in die Stirn gezogen hatte und alle ihre Sinne auf den Start konzentriert waren, fühlte sie, wie gebannt die Zuschauer auf den Tribünen saßen. Die Stimme eines kleinen Mädchens, ein nervöses Husten, das Schnauben eines Pferdes in der Koppel hinter der Anzeigetafel, ansonsten herrschte atemlose Stille. Alle warteten auf das Signal des Starters und den letzten Ritt an diesem Nachmittag.

»Ladies and Gentlemen!«, tönte es aus den Lautsprechern. »Zum letzten Ritt beim diesjährigen Barrel Racing stehen Miss Peggy Corbett aus Billings, Montana, und ihr Wallach Dusty bereit. Peggy ist neunzehn Jahre jung und hat in dieser Saison bereits drei zweite Plätze aufzuweisen. Nur sie hat noch die Chance, die führende Dixie Malone vom ersten Platz zu verdrängen.«

Peggy hörte die Worte kaum. Ihr Blick war auf die erste Tonne gerichtet, ihre Ohren warteten auf das Startsignal. Insgesamt drei Tonnen waren wie die Blätter eines Kleeblatts in der Arena angeordnet. Wer sie am schnellsten umrundete und in der besten Zeit über die Ziellinie ritt, hatte gewonnen.

16,4 Sekunden hatte Dixie vorgelegt, eine unglaubliche Zeit. Wer die unterbieten wollte, musste eine erstklassige Reiterin sein und ein schnelles Pferd haben. Und musste einen guten Tag erwischen, einen sehr guten Tag.

»Go!«, rief der Starter.

Peggy ließ die rechte Hand auf das Hinterteil des Wallachs klatschen, presste ihm gleichzeitig die Hacken in die Seite und schoss in die Arena. Weit über den Rücken ihres Pferdes gebeugt und die Zügel locker in der Hand galoppierte sie auf die erste Tonne zu. So eng, dass sie mit den Stiefeln beinahe die Tonne berührte, lenkte sie ihr Pferd um das Hindernis herum. Dusty ging mit der Hinterhand weit nach unten, als sie herum waren, und stürmte nach vorn, preschte unter Peggys wilden Anfeuerungsrufen auf die zweite Tonne

zu. Aber er war nicht so flink auf den Beinen wie Bluebonnet, die weiße Stute ihrer Rivalin. Zum Umrun-
den einer Tonne brauchte er länger. Was er dort verlor,
machte er zwar durch Kraft und Entschlossenheit wett,
doch bei der letzten Tonne geriet er ins Rutschen und
verlor wertvolle Zeit, bevor Peggy ihn im gestreckten
Galopp über die Ziellinie jagte.

»16,8 Sekunden, eine erstklassige Zeit«, folgte ihr die
Stimme des Moderators, »und damit steht unsere Siegerin fest: Dixie Malone aus Fort Worth in Texas hat
gewonnen! Herzlichen Glückwunsch, Dixie!«

Außerhalb der Arena, auf dem sandigen Platz, der
den Teilnehmern des Rodeos vorbehalten war, stieg
Peggy aus dem Sattel und belohnte Dusty mit einer
Mohrrübe. »Das hast du gut gemacht«, lobte sie ihn.
»Wir lagen nur vier Zehntel hinter ihr. Das nächste
Mal packen wir sie, ganz bestimmt!«

Sie führte ihren Wallach zur Tränke und ließ ihn
saufen. Zur Siegerehrung würde sie noch einmal in die
Arena reiten und wie bei den letzten Rodeos mit einem
kleinen Geldpreis für den zweiten Platz vorliebnehmen
müssen. Von den Preisgeldern allein konnte sie nicht
leben und musste zwischen den Rodeos als Bedienung
in einem Coffeeshop arbeiten. Das große Geld gab es
nur in Texas. Bei den Rodeos in Fort Worth und Ama-
rillo kamen auch die Cowgirls auf ihre Kosten.

»Howdy, Peggy. Kein schlechter Ritt.«

Peggy drehte sich um und sah Dixie auf ihrer Schim-

7

melstute sitzen. Mit ihrem Püppchengesicht und den blonden Locken sah sie beinahe so gut aus wie Marylin Monroe, nur drahtiger, wie ein Cowgirl eben. Als einzige Reiterin hatte sie sich geschminkt, Lippenstift, pfirsichfarbenes Rouge und reichlich Eyeliner, der ihre braunen Augen noch glutvoller aussehen ließ. Der Traum aller Männer, wie die sehnsuchtsvollen Blicke der wartenden Cowboys und Bullenreiter bewiesen.

»Danke«, sagte Peggy.

»Nur vier Zehntel langsamer als ich, so gut war noch keine dieses Jahr.« In ihrer Stimme schwang eine gehörige Portion Arroganz mit. Ihr Pferd hatten ihre Eltern von einem Züchter in Kentucky gekauft, eine Prachtstute, die arabisches Blut in den Adern haben musste, so elegant bewegte sie sich. Obwohl Dixie schon als Kind geritten war, hatte die Familie im vorletzten Winter einen der besten Rodeoreiter des Landes als Trainer verpflichtet, um sie noch schneller zu machen.

»Du kannst nicht immer gewinnen«, sagte Peggy.

Dixie lächelte spöttisch. »Bis jetzt schon. Aber mach dir nichts draus, nicht mal in Texas gibt's eine, die schneller ist als ich. Sogar die Männer, die gegen mich angetreten sind, waren langsamer.« Sie lächelte und zeigte ihre perlweißen Zähne. »Wir sehen uns später, Peggy.«

Peggy blickte ihr nach und bewunderte ihre lässige und zugleich sehr vornehme Art, im Sattel zu sitzen. An ihr war nichts Derbes oder Burschikoses. Wie eine Prinzessin ritt sie dahin, den Rücken gerade, das Kinn stolz erhoben, ein herablassendes Lächeln in den dunklen Augen. Ihre rot-weiße, mit silbernen Pailletten besetzte Bluse und der weiße Gürtel mit bunten Strasssteinen funkelten im Sonnenlicht. Die Blicke aller Männer folgten ihr.

»Blöde Angeberin«, flüsterte Peggy ihrem Wallach zu. »Was meinst du, was die für Augen machen würde, wenn wir sie wirklich mal schlagen?« Sie stieg in den Sattel und folgte der Texanerin. Ihr war klar, dass sie lange keinen so imposanten Eindruck machte wie ihre Rivalin, dazu war ihr Wallach nicht edel genug und der Sattel viel zu schäbig. Auch ihre weiße Bluse mit den blauen Fransen und ihr einfacher Stetson verblassten gegenüber der edlen Kleidung der Texanerin. Von dem silbernen Stern an Dixies Bluse, den sie von den Texas Rangers geschenkt bekommen hatte, ganz zu schweigen.

Immerhin jubelten die Zuschauer auch Peggy begeistert zu, als sie zur Siegerehrung in die Arena ritt. Eigentlich konnte sie mit ihren dunklen Haaren, die sie wie immer während des Reitens zu einem Pferdeschwanz gebunden hatte, und ihren leuchtenden blauen Augen jeder Rodeo-Queen das Wasser reichen.

Mit ihrer Urkunde und dem Scheck ritt sie eine Ehrenrunde, natürlich hinter Dixie, aber vor der Drittplatzierten, einem Mädchen aus Wyoming. Obwohl sie wusste, dass der meiste Beifall der Gewinnerin gehörte und die Augen aller Männer auf Dixie gerichtet waren, genoss sie den Jubel. Irgendwann würde sie als Erste durch die Arena reiten, den großen goldenen Pokal in beiden Händen. Sie träumte noch immer davon, eines Tages genug Preisgeld zu gewinnen, um davon leben zu können und die Reiterei zu ihrem Beruf zu machen.

Sie nahm den Stetson ab und winkte dem Publikum ein letztes Mal zu, dann ritt sie zu ihrem angerosteten Pick-up und dem Pferdeanhänger zurück, die hinter der Absperrung am Koppelzaun standen. Anders als Dixie, die ihre Stute von einem Angestellten abreiben ließ und gleich in ihrem vornehmen Wohnwagen verschwand, kümmerte Peggy sich selbst um ihr Pferd. Sie nahm ihm den Sattel ab, wuchtete ihn auf den Koppelzaun und griff dankbar nach dem Wasserschlauch, den ihr eines der anderen Mädchen reichte. Sie nahm einen kräftigen Schluck von dem kühlen Nass, bevor sie Dusty abspritzte.

Nachdem sie den Wallach abgerieben hatte, führte sie ihn in den Anhänger und schloss die Klappe. Sie verabschiedete sich von den anderen Mädchen, winkte einem Cowboy zu, der *Pretty, pretty Peggy Sue* vor sich hin pfiff, als sie an ihm vorbeiging, und stieg in den Wagen. Sie musste lachen, als sie den Motor anließ. Wenn ihre Eltern gewusst hätten, dass Buddy Holly einmal diesen Song schreiben würde, hätten sie sich bestimmt einen anderen Namen ausgedacht. Seit der Song im Radio lief, stimmte ihn fast jeder an, der sie kannte. Wenn die wüssten, dass mein zweiter Name tatsächlich Susan ist, dachte sie. Aber das blieb ihr Geheimnis.

Der 53er Pick-up, den sie vor einem Jahr von einem Farmer gekauft hatte, zitterte in allen Fugen, als sie mit dem Pferdeanhänger vom Gelände fuhr. Staub drang durch die geöffneten Fenster, und die rhythmischen Klänge der Kapelle folgten ihr bis zur Hauptstraße. »Hey, Peggy, kommst du noch auf einen Drink ins Outlaw Café?«, rief ihr ein Cowboy zu, und sie antwortete: »Nein, Bill! Keine Zeit. Wir sehen uns in Virginia City auf der Fair!«

Der wahre Grund war, dass es Tage wie heute gab, an denen sie einfach keine Lust hatte, mit den anderen Cowgirls und Cowboys zu feiern. Sie war viel zu müde, um die ganze Nacht zu Country & Western Music oder diesem neuen Rock 'n' Roll zu tanzen. Die Cowboys würden genug andere Mädchen finden, die mit ihnen zu den Klängen aus der Jukebox rockten. Sie brauchte etwas Zeit für sich allein, einen einsamen Ritt unter dem Sternenhimmel. Seitdem ihre Eltern geschieden waren und sie allein wohnte, zweifelte sie manchmal an sich. Nach einem Ritt durch die Wildnis ging es ihr meist besser.

Nachdem Walter Corbett aus dem Koreakrieg heimgekehrt war, hatte er nicht mehr in seinem alten Beruf als Automechaniker arbeiten können und die ganze

Welt dafür verantwortlich gemacht. Die Armee, die Regierung, einfach alle. Einen Job als Türsteher hatte er schon nach drei Tagen wieder geschmissen. Es war immer öfter zum Streit gekommen, und einmal, während einer heftigen Auseinandersetzung in der Küche, hatte er ihre Mutter sogar geschlagen. Peggy war weinend aus dem Haus gerannt und erst zwei Tage später wieder zurückgekehrt. »Es geht nicht mehr, es geht einfach nicht mehr«, waren die letzten Worte ihrer Mutter gewesen, bevor sie das Haus verlassen hatte.

Sie fuhr auf dem Highway 40 nach Osten. Die Sonne neigte sich bereits den Bergen im Westen zu und überzog die zerklüfteten Hügel zu beiden Seiten der Straße mit sanftem Licht. Die Felsen warfen lange Schatten. Es gab hier kaum noch Bäume, nur Greasewood und verfilzte Salbeisträucher, die sich als dunkle Flecken von dem steinigen Boden abhoben. Außer ihr war kaum jemand unterwegs. Einem Station Wagon, einem Greyhound-Bus und einem Lastwagen, mehr Fahrzeugen begegnete sie nicht. Durch die Fenster, die sie immer noch geöffnet hatte, wehte der heiße Wüstenwind in den Wagen.

Nach einer weiten Kurve parkte sie in einer sandigen Ausbuchtung und stieg aus. Auch am späten Nachmittag glühte die Luft noch vor Hitze. Einige Insekten summten über ihrem Pick-up-Truck. Aus dem Anhänger meldete sich Dusty mit unruhigen Huftritten und leichtem Schnauben. »Wie wär's mit einem kleinen

Ausritt, Dusty?«, rief sie. »Du hast doch sicher nichts dagegen.«

Sie setzte ihren Stetson auf und ließ Dusty aus dem Wagen. Er tänzelte erwartungsvoll und schnaubte zufrieden, als sie den Sattel von der Ladefläche nahm und auf seinen Rücken wuchtete. Sie zog den Gurt fest und schwang sich hinauf. Im lockeren Trab folgte sie der Schotterstraße, die vom Highway in ein Labyrinth aus schroffen Canyons und Felstälern führte.

Erst nach einer Weile wurde sie auf die tiefen Reifenspuren aufmerksam, die sich über die Schotterstraße zogen. Breite Abdrücke, wahrscheinlich von einem Lastwagen. Sie konnten nicht älter als zwei, drei Stunden sein. Was hatte ein Truck in dieser verlassenen Gegend zu suchen? Die Armee, nahm sie an, die trieb sich gern in Nevada herum, oder ein Rancher, der Bauholz zu seinem Haus transportierte. Aber es gab in dieser Gegend weder ein Sperrgebiet, noch hatte sie den Wegweiser zu einer Ranch gesehen.

Sie bekämpfte ihre innere Unruhe und verließ die Schotterstraße. Querfeldein hielt sie auf die felsigen Berge zu. Warum sollte sie wegen Reifenspuren auf einer abgelegenen Straße nervös werden? Sie setzte sich im Sattel zurecht, als könnte sie auf diese Weise ihre Gedanken abschütteln, und trieb Dusty in einen leichten Galopp. Ihr Wallach freute sich über die schnellere Gangart, wirkte befreit und gab ihr durch ein Schnauben zu verstehen, dass sie das ruhig öfter machen könnten. Auch sie genoss den Ritt, den frischen Wind, der ihr ins Gesicht blies, und den würzigen Duft des Salbeis, der abseits der Straße noch intensiver war. Die Felsen leuchteten in allen Farben und wirkten im Licht der tief stehenden Sonne noch unwirklicher, wie in einem der Science-Fiction-Filme, die seit einiger Zeit in den Kinos liefen.

Über einen schmalen Pfad ritt sie in einen der Canyons, eine lang gezogene Schlucht mit steilen Felswänden, die kaum noch Sonnenlicht einließen. Einige Antilopen rannten erschrocken davon, als sie den Hufschlag hörten. In dem engen Canyon hallte der Hufschlag als vielfaches Echo nach, und selbst das Knarren des Zaumzeugs und das Klappern der Metallteile kamen ihr in dieser Abgeschiedenheit unnatürlich laut vor. Sie folgte dem ausgetrockneten Bachbett durch die Schlucht und erreichte den Ausgang und eine buckelige Hügellandschaft, die in der Nachmittagssonne zu brennen schien.

Ein seltsames Geräusch ließ sie in die Zügel greifen. Dusty wurde langsamer und schüttelte unwirsch den Kopf, als ein lautes Brummen über ihren Köpfen ertönte, das Peggy an den Flying Circus erinnerte, den sie mit ihren Eltern kurz nach dem Weltkrieg besucht hatte. Und wie damals raste auch jetzt ein Flugzeug über sie hinweg, eine kleine Maschine, die so tief flog, dass Peggy befürchtete, sie würde an einem der Hügel zerschellen. Doch der Pilot verstand sein Handwerk, zog

14

rechtzeitig nach oben und ging in eine steile Rechtskurve. Peggy blieb atemlos im Sattel sitzen und blickte dem Flugzeug nach, bis es hinter den felsigen Hügeln verschwand.

»Schon gut«, beruhigte sie ihren Wallach, »der tut dir nichts. Der gehört bestimmt zu einem Flying Circus, der hier irgendwo in der Nähe gastiert.«

Doch ganz überzeugte sie diese Antwort selbst nicht. Zur selben Zeit wie das Rodeo fand bestimmt keine zweite Großveranstaltung in der Umgebung von Reno statt. Und wenn doch, hätten auf den Fairgrounds einige Plakate hängen müssen. Vielleicht ein Pilot, der trainierte, oder einer dieser waghalsigen Flieger, die über die Felder flogen und Gift gegen Schädlinge versprühten. Unsinn, sagte sie sich, hier ist weit und breit kein Feld zu sehen.

Das Brummen verstummte nicht, im Gegenteil, es wurde wieder lauter. Sie duckte sich unwillkürlich, als die Maschine erneut über den Hügeln auftauchte, sich stark zur Seite neigte und in die Senke hinter den Felsen hinabstieß.

Und noch ein anderes Geräusch war jetzt zu hören: der Hufschlag zahlreicher Pferde. Als hätte der Pilot eine Herde wilder Mustangs aufgescheucht.

Neugierig lenkte Peggy den Wallach auf einen der Hügel.

2

Was sie dort sah, ließ ihr das Blut in den Adern gefrieren. Wie eine wütende Hornisse trieb die Maschine eine Herde wilder Pferde vor sich her. Ungefähr zwölf verängstigte Tiere, darunter auch ein Fohlen, das kaum Schritt halten konnte mit den anderen. Die Maschine flog so dicht über die Herde hinweg, dass sie die Tiere mit den Rädern zu berühren schien. Tatsächlich stolperte eines der Tiere und stürzte, kam aber gleich wieder hoch und galoppierte weiter. Obwohl Peggy mindestens eine halbe Meile entfernt war, glaubte sie die Verzweiflung und Todesangst in seinen Augen zu sehen.

Peggy war viel zu entsetzt, um sich zu bewegen oder etwas zu tun. Mit geweiteten Augen beobachtete sie, wie der Pilot seine Maschine nach oben zog, noch einmal über die Hügel flog und erneut auf die Herde zuhielt. Es machte ihm Spaß, die Pferde zu jagen. Wie ein Cowboy trieb er sie vor sich her, nur viel schneller und erbarmungsloser. Anscheinend war es ihm egal, was mit den Pferden geschah, ob sie sich verletzten oder erschöpft zusammenbrachen.

Als der schwarze Hengst, der die Herde anführte, nach rechts ausbrechen wollte, peitschte ein Schuss durch das Tal. Der Knall war so laut, dass er das Motorengeräusch übertönte. Die Kugel traf den Hengst in

16

die Schulter und trieb ihn zur Herde zurück. Er war schwer verwundet und blutete, doch er galoppierte weiter. Die Wunde ließ ihn immer langsamer werden und er hielt sich nur noch mühsam auf den Beinen.

Ihre Hände umkrampften die Zügel. Dusty spürte, dass etwas nicht stimmte, und schüttelte schnaubend den Kopf. Peggy merkte gar nicht, wie ihr die Tränen über die Wangen liefen und sich mit dem feinen roten Staub auf ihrem Gesicht vermischten. Durch einen Tränenschleier nahm sie wahr, wie der Pilot abdrehte, zweimal mit den Tragflächen schaukelte, als würde er sich von irgendjemand verabschieden, und über die Hügel in der Ferne verschwand.

Schon im nächsten Augenblick sah Peggy, wem das Schaukeln der Tragflächen gegolten hatte. Zwischen den Felsen raste ein Pick-up-Truck hervor und folgte der Herde mit röhrendem Motor. Auf der Ladefläche standen drei Männer, jeder mit einem wurfbereiten Lasso in der Hand. Sie lehnten mit dem Rücken an der Fahrerkabine und stützten sich mit den Füßen an den Seitenklappen ab, gingen bei jedem Holpern in die Knie, um die Erschütterung auszugleichen. Auf der Ladefläche lagen etliche Autoreifen und weitere Lassos.

Peggy wischte sich die Tränen vom Gesicht und blickte genauer hin. Wenn sie sich nicht täuschte, waren die Lassos an den schweren Reifen befestigt. Aber warum? Was hatten diese Männer vor? Ohne darüber nachzudenken, in welche Gefahr sie sich begab, folgte

17

sie ihnen. Steif im Sattel sitzend lenkte sie den Wallach ins Tal hinab. Der Schock saß ihr tief in den Gliedern. Der Schuss hallte in ihren Ohren nach, und der Anblick des blutenden Hengstes, der verzweifelt gegen den Tod kämpfte, traf sie tief.

Peggy griff ihrem Wallach so heftig in die Zügel, dass sie beinahe aus dem Sattel geflogen wäre, so entsetzt war sie, als einer der Männer sein Lasso schwang, die Schlinge sich um den Hals einer Stute legte und das Ende des Seils einen der Autoreifen über die offene Heckklappe zerrte. Augenblicklich zog sich die Schlinge um den Hals des Pferdes zusammen. In ihrer Panik brach die Stute nach links aus, den schweren Autoreifen im Schlepptau.

Eine zweite und eine dritte Schlinge flogen, und das widerwärtige Schauspiel wiederholte sich. Diesmal erwischte es die Mutter des Fohlens. Sie wurde durch die Wucht des Reifens zu Boden gerissen und blieb mit gebrochenem Vorderlauf liegen. Aus ihren Nüstern floss Blut. Sie versuchte aufzustehen, knickte sofort wieder ein und blieb seltsam verrenkt liegen. Verzweifelt blickte sie sich nach ihrem Fohlen um, das auf zitternden Beinen stehen blieb und nicht fassen konnte, was seiner Mutter passiert war.

»Hört auf! Hört sofort damit auf!«, schrie Peggy verzweifelt, aber sie war noch zu weit von den Männern entfernt, und in der aufwallenden Staubwolke konnte man sie nicht sehen.

18

Peggy war unfähig weiterzureiten. Wie versteinert saß sie im Sattel, beide Hände um die Zügel gekrampft und vor lauter Entsetzen nicht in der Lage, sich zu bewegen. Durch die Tränen, die unablässig über ihre Wangen rannen, musste sie hilflos mit ansehen, wie sich noch vier weitere Pferde in den Lassos verfingen und durch die Flucht vor dem Flugzeug und den schweren Autoreifen so erschöpft waren, dass sie schon nach wenigen Schritten aufgaben und sich hilflos und mit gesenkten Köpfen in ihr ungewisses Schicksal ergaben.

Der Truck blieb zwischen den gefangenen Pferden stehen. Fassungslos beobachtete Peggy, wie die drei Männer von der Ladefläche sprangen und zu den erschöpften Tieren rannten. Sie fesselten ihnen die Hinterbeine. Die Mustangs, die meisten aus mehreren Wunden blutend, waren zu schwach, um sich dagegen zu wehren. Nur der schwarze Hengst, der als einer der letzten in die Schlinge gelaufen war, schlug mit den Hufen aus, obwohl das Blut unablässig aus seiner Wunde sickerte. Einer der Männer zog einen Revolver und schoss eine weitere Kugel in das heftig atmende Pferd, erst dann gelang es den Männern, eine Schlinge um seine Hinterbeine zu legen.

Peggy ballte ihre Hände zu Fäusten, drückte so fest zu, dass sich ihre Fingernägel in die Haut bohrten und blutige Spuren hinterließen. Zu dem Schmerz, der in ihrem Herzen tobte, kam jetzt mörderische Wut, und sie verspürte den glühenden Wunsch, ebenfalls nach einem Revolver zu greifen und die Männer für ihre grausame und feige Tat zu bestrafen. Stattdessen verharrte sie weiterhin im Sattel und bemerkte erstaunt, wie sich ein großer Lastwagen über die Schotterstraße näherte und neben dem Pick-up parkte.

Zwei junge Männer mit Cowboyhüten sprangen heraus, winkten den anderen Männern zu und ließen die Heckklappe des offenen Trucks herunter. Mit vereinten Kräften zogen sie eine Rampe von der Ladefläche. Von einer stabilen Winde spulten sie ein Seil, banden es um die Vorderläufe des Hengstes und zogen ihn auf die Ladefläche. Willenlos und benommen vom starken Schmerz ließ das Tier es geschehen. Oben angekommen zwangen die Männer den Hengst mit Peitschen, sich zu erheben, und drängten ihn gegen die Seitenklappe. Mit zitternden Flanken blieb der Hengst stehen, die Schultern voller Blut, das rechte Vorderbein abgeknickt, die Augen leer.

Erst jetzt drückte Peggy ihrem Wallach die Hacken in die Seite. Im vollen Galopp ritt sie auf die Männer zu, hielt dicht vor ihnen und rief zitternd vor Wut und Entsetzen: »Hört damit auf, ihr gemeinen Mörder! Hört sofort auf!«

Die Männer ließen von dem Pferd ab, dem sie gerade die Vorderläufe fesselten, und blickten sie überrascht an. Einer der Männer, die auf dem Pick-up gewesen waren, ein derber Bursche mit dunklen Augen und je-

20

der Menge Frisiercreme in den Haaren, die unter seiner Hutkrempe hervorlugten, grinste frech. »He, wen haben wir denn da?«

»Die gehört bestimmt zu Annie«, sagte einer der beiden Männer, die mit ihm auf der Ladefläche gewesen waren. Er war etwas kleiner und stämmiger und trug eine schmutzige Baseballmütze. Seine Lippen waren schmal und farblos. »Der Lady, die uns verbieten will, die verdammten Klepper einzufangen.«

Peggy hörte gar nicht hin. »Wie kann man nur so brutal sein! Warum behandelt ihr die Pferde so grausam? Lassen Sie die armen Tiere frei!«

»Wie stellen Sie sich das vor?«, erwiderte der Mann mit der Mütze. »Wissen Sie, was die im Schlachthaus in Fallon bringen? Sechs Cent das Pfund! Und jetzt hauen Sie endlich ab! Sie behindern uns bei der Arbeit!«

Peggy erstarrte. »Sie … Sie bringen die Pferde ins Schlachthaus?«

»Wohin denn sonst? Die machen Hunde- und Katzenfutter draus.«

»Aber … aber das sind … Pferde! Edle Wildpferde!«

Der Mann mit der Mütze wurde langsam ungeduldig, sprach aber dennoch weiter mit ihr. »Das sind keine *edlen Wildpferde* …« Er betonte die letzten beiden Worte, als hätte sie etwas vollkommen Abwegiges gesagt. »Das sind Mustangs. Abschaum auf vier Beinen. Die haben unreines Blut in den Adern.«

»Das ist nicht wahr!«, widersprach sie. »Mustangs

sind eine edle Rasse! Die kommen aus Spanien! Das lernt doch heute jedes Kind in der Schule!«

»Und wann waren die Spanier hier? Im 16. Jahrhundert, das hat man mir in der Schule erzählt. Was meinen Sie, was in der Zwischenzeit mit diesen Mustangs passiert ist? Sie sind wie verwahrloste Köter über die Prärie gezogen und haben sich mit Eseln und Ziegenböcken gepaart. Ganz zu schweigen von den Indianern. Glauben Sie, die haben viel Wert auf die Züchtung gelegt?«

»Das ist noch lange kein Grund, sie wie den letzten Dreck zu behandeln! Die armen Tiere mit Flugzeugen zu jagen und sie anzuschießen und schwere Autoreifen an die Lassos zu binden … das ist eine Schweinerei!« Sie hatte Mühe, Dusty unter Kontrolle zu halten, anscheinend witterte er die Gefahr, die seinen Artgenossen drohte. Sie drehte sich einmal mit ihm im Kreis und zog die Zügel an. »Wenn sie die Tiere nicht freilassen, hole ich die Polizei!«

»Tun Sie das, Lady. Und jetzt lassen Sie uns in Ruhe!«

Peggy wollte erneut aufbrausen, aber ein dritter Mann, ein Bursche mit breiten Schultern und einem hellen Strohhut auf den lockigen Haaren, ging dazwischen. Seine Haut war etwas dunkler als die der anderen. »Seien Sie vernünftig, schöne Frau!«, sagte er mit leichtem Akzent. »Wir handeln streng nach dem Gesetz. Alles, was wir tun, ist völlig legal.«

»Santiago hat recht«, stimmte ihm der Mann zu, der

als Erster gesprochen hatte. Er schien der vernünftigste der Männer und außerdem ihr Anführer zu sein. »Wir sind hier auf Regierungsland, und niemand kann uns verbieten, diese Mustangs einzufangen. Die Regierung will es sogar. Die Mustangs sind zur Landplage geworden, wie Wölfe und Kojoten, und es wird höchste Zeit, dass wir sie ausrotten, bevor sie den Rindern das ganze Gras wegfressen.«

»Das ist noch lange kein Grund, die Tiere so zu quälen!« Sie drehte sich im Sattel und deutete auf das Fohlen, das hilflos bei seiner gefesselten Mutter stand. Es schien nicht zu verstehen, was mit ihr geschehen war. »Sehen Sie sich das Fohlen an. Sie haben ihm die Mutter genommen. Warum tun sie so etwas? Warum sind Sie so grausam? Haben Sie denn kein Herz im Leib?«

Der Mann mit der Mütze winkte ab. »Kommen Sie uns nicht auf die Mitleidstour, Lady! Die Gäule kommen sofort unters Messer. Sobald wir sie in Fallon abliefern, schneiden sie ihnen die Gurgel durch und machen Hackfleisch aus ihnen. Sehen Sie's von der Seite: Würden wir keine Mustangs abliefern, hätten die armen Hündchen und Kätzchen nichts mehr zu fressen.«

»Sie sind so was von zynisch, Mister!«

»Halt die Klappe, Buddy!«, wies ihn auch der Anführer zurecht. Er schob seinen speckigen Hut in den Nacken und wandte sich an Peggy: »Wir tun hier nur unsere Arbeit, Miss. Es hat Sie niemand gebeten, uns dabei zuzusehen, also verschwinden Sie bitte und sagen Sie Annie, dass ihre Proteste umsonst sind. Das Gericht hat den Wildpferdfang auf dem Staatsgebiet von Nevada verboten, nicht aber auf dem Land, das der Regierung in Washington gehört. Und wie ich schon sagte, wir sind hier auf Regierungsland. Und wenn Sie uns weiterhin belästigen, bin ich leider gezwungen die Polizei zu rufen, die ist nämlich auf unserer Seite.«

»Das ist doch Haarspalterei, Mister!«, rief Peggy wütend. Sie wusste leider zu wenig über das Thema, um ihm etwas entgegnen zu können, hatte nur flüchtig über das Gesetz gelesen. »Hier ist fast überall Regierungsland.«

»Reiten Sie, Miss. Es ist besser so«, ertönte eine weitere Stimme. Sie gehörte dem jungen Mann, der den Pick-up gefahren hatte, ein ansehnlicher Bursche in ihrem Alter, der gar nicht so aussah, als würde er zu diesen Schurken gehören. Eher wie ein Wildpferdreiter beim Rodeo. Ihm fehlte dieser harte Ausdruck in den Augen, den sie bei den anderen Männern bemerkt hatte. Er hatte seinen Cowboyhut in den Nacken geschoben, sodass sie eine widerspenstige sandblonde Haarlocke und sein Gesicht sehen konnte, die blauen Augen, die gerade Nase und das energische Kinn, das im krassen Gegensatz zu seinem weichen Mund stand. Als einziger der Männer hatte er sich an den Hut getippt, als sie aufgetaucht war, ein Zeichen des Respekts.

»Ich denke nicht daran«, stieß sie trotzig hervor.

Er kam ein paar Schritte näher. »Sind Sie nicht Peggy Corbett?«

»Sie kennen mich?«

»Ich habe Ihr Foto im Rodeo-Programm gesehen«, erwiderte er. »Ich bin Marty Rockwell. Mein Vater unterstützt die Veranstalter des Rodeos mit Helfern und etwas Geld. Sie waren heute dran, stimmt's? Haben Sie gewonnen?«

»Das geht Sie gar nichts an. Warum … warum machen Sie so was?«

»Jetzt reicht's mir aber!«, mischte sich Buddy, der Mann mit der Mütze ein. »Sind wir hier auf einem Kaffeekränzchen oder fangen wir Mustangs? Wenn ihr mit der Lady plaudern wollt, meinetwegen. Ich bin hier, um Geld zu verdienen. Also geht mir gefälligst aus dem Weg und lasst mich arbeiten!«

Er ging zu der Mutter des Fohlens, band ihr den Strick um die Vorderhufe und wies einen der anderen Männer an, die Winde zu bedienen. Quietschend drehte sich die Trommel mit dem mehrfach geknüpften Seil und zog die schwer verletzte Stute auf die Ladefläche. Das junge Fohlen folgte ihr und blieb hilflos am Fuß der Rampe stehen, blickte seiner leidenden Mutter nach.

Der Anblick des verzweifelten Fohlens war zu viel für Peggy. Sie sprang aus dem Sattel und rannte zu dem Mann, den sie Buddy nannten, trommelte mit beiden Fäusten gegen seine Brust und griff nach dem Revolver, den er im dem Gürtel stecken hatte. »Dafür werde ich Sie erschießen, Mister!«, rief sie mit tränenerstickter Stimme und richtete die Waffe auf den Mann.

Der Junge aus dem Pick-up reagierte am schnellsten und schob sich vor Buddy. »Geben Sie die Waffe her, Peggy!«, redete er auf sie ein. »Das bringt doch nichts. Unser Job ist blutig, das gebe ich ja zu, aber das ist doch noch lange kein Grund, einen Menschen zu erschießen! Seien Sie vernünftig!«

Peggy sank weinend auf die Knie und ließ die Waffe fallen. Sie merkte gar nicht, wie Marty sie an den Armen packte und zu ihrem Wallach führte. »Reiten Sie nach Hause und vergessen Sie die ganze Sache, Peggy!«

Sie hielt sich am Sattelhorn fest und lehnte ihren Kopf gegen das Fell des Wallachs. Er schien ihren Schmerz zu spüren und schnaubte leise. »Sie sind … Sie sind unmenschlich!«, sagte sie unter Tränen. »Sie sind grausam, jawohl!«

Wie aus weiter Ferne hörte sie das Quietschen der Winde und die Rufe der Männer, die sie jetzt ignorierten und sich beeilten, die letzten Pferde auf die Ladefläche des Lastwagens zu ziehen. Sie wollte nicht mehr hinsehen, hatte längst verstanden, dass die Männer im Recht waren und nicht einmal der Sheriff etwas gegen diese grausamen Fangmethoden unternehmen würde.

»Was ist mit dem Fohlen?«, hörte sie die heisere Stimme eines Mannes, der bisher noch gar nichts gesagt hatte. »Das Kleine stirbt ohne seine Mutter.«

»Wir lassen es zurück.«

»Es wäre vielleicht besser, wir …«

»Wir lassen es zurück, hab ich gesagt!«, fuhr ihm der Anführer über den Mund. »Im Schlachthaus mögen sie keine Fohlen. Keine Ahnung, warum.«

Peggy hörte die Stimmen, hatte aber keine Kraft mehr, sich gegen die Männer aufzulehnen. Das Gesicht in der Mähne ihres Wallachs vergraben blieb sie stehen, bis die Motoren ansprangen und die Männer davonfuhren. Erst als der Lärm verklungen, und nur noch das Rauschen des Windes zu hören war, drehte sie sich um.

Auf der Schotterstraße, die Hufe im Blut der Stuten, stand das Fohlen. Es blickte nach Norden, die Richtung, in der seine Mutter verschwunden war.

»Diese Unmenschen!«, flüsterte Peggy.

3

In der Ferne erklang Motorenlärm. Für einen Augenblick befürchtete Peggy, die Mustangjäger würden zurückkommen und das Fohlen doch noch mitnehmen, aber es war ein anderer Wagen.

Ein Mann und eine Frau stiegen aus.

»Howdy, Miss«, grüßte der Mann. Er war groß und muskulös und wie ein Cowboy gekleidet. Hinter seinem ledernen Hutband steckte eine Eulenfeder. Seine etwas dunklere Hautfarbe, das pechschwarze Haar und die leicht erhöhten Backenknochen verrieten, dass indianisches Blut in seinen Adern floss.

»Howdy«, erwiderte Peggy den Cowboygruß.

»Wir kommen zu spät, nicht wahr?«, sagte die Frau. In ihrem geblümten Kleid sah sie wie eine Städterin aus. Ihr Körper war seltsam verwachsen, das Gesicht etwas schief, doch sie faszinierte mit ausdrucksvollen Augen und einer sanften Stimme. »Wären wir doch früher losgefahren!«

Der Mann ging auf Peggy zu und streckte die Hand aus. »Sorry, wir haben uns noch gar nicht vorgestellt. Ich bin Charlie Johnston, und das ist meine Frau Annie. Uns gehört die Double-Lazy-Heart-Ranch unten am Fluss.«

»Peggy Corbett«, erwiderte sie. »Ich bin auf der Durchreise.«

»Peggy Corbett …«, überlegte er. »Waren Sie nicht beim Rodeo dabei? Beim Barrel Racing? Natürlich, deshalb kamen Sie mir so bekannt vor. Sie waren Zweite, nicht wahr? Ein großartiger Ritt! Sie können wirklich reiten.«

»Vielen Dank, Sir. Sie waren dabei?«

»Charlie«, verbesserte er lächelnd. »Annie und ich verpassen kaum ein Rodeo. Als junger Mann hab ich auch mitgemacht, wissen Sie? Ist schon eine Weile her. Aber gewonnen hab ich leider nie.«

28

»Ich hab ihm wenig Zeit zum Üben gelassen«, sagte Annie.

Peggy erwiderte deren Lächeln. Sie mochte die Frau, die offensichtlich an einer ernsthaften Krankheit litt und ihren Humor dennoch nicht verloren zu haben schien. Trotz ihrer Behinderung strahlte sie eine große Anmut aus.

»Sind Sie die Annie … die Annie, von der die Männer …?«

»Wild Horse Annie«, erklärte sie, immer noch lächelnd. »So nennen mich inzwischen alle, obwohl ich eigentlich Velma heiße. Dan Solari hat mir den Namen gegeben, ein hohes Tier beim Bureau of Land Management. Ausgerechnet der Mann, der mich am wenigsten mag. Er wollte mich lächerlich machen, aber ich hab den Namen immer als Auszeichnung empfunden. Ich bestehe sogar darauf. Die meisten Leute kennen meinen richtigen Namen gar nicht.«

Sie ging auf das Fohlen zu, das immer noch auf der Schotterstraße stand und sich vor Angst und Entsetzen kaum zu bewegen wagte. Ein paar Schritte vor dem Tier blieb sie stehen. »Sie haben seine Mutter weggebracht?«

Peggy nickte. »Sie haben ihr einen Vorderlauf gebrochen und sie auf einen Lastwagen gezogen … oh, es war schrecklich! Einer der Männer wollte sogar das Fohlen töten. Sie bringen die Tiere in ein Schlachthaus. Ich hab versucht sie zurückzuhalten. Ich wollte, dass sie die Pferde wieder freilassen. Ich hab geschrien und getobt, mir sogar einen Revolver geschnappt und wollte einen der Männer erschießen. Zum Glück … zum Glück hab ich es nicht getan.« In ihren Augen sammelten sich Tränen. »Sie dachten, ich gehöre zu Ihnen. Ich soll Ihnen sagen, dass alle Proteste sinnlos wären. Dass die Mustangjäger das Recht hätten, die Pferde auf Regierungsland zu fangen.«

»Das stimmt leider«, räumte Annie ein. »Wir haben bisher nur den Teilerfolg errungen, dass auf dem Staatsgebiet von Nevada keine Mustangs mehr gejagt werden dürfen. Aber wir lassen uns nicht entmutigen. Wir werden so lange protestieren, bis die Regierung ein neues Gesetz erlässt. Und wir werden nicht eher ruhen, bis diese Grausamkeiten überall verboten werden. Die Mustangjagd mit Flugzeugen und Geländewagen ist brutal.« Sie schüttelte den Kopf, den Blick immer noch auf das Fohlen gerichtet. »Wie kann man nur so gottlos sein? Jawohl, gottlos, denn Gott will, dass wir andere Kreaturen respektieren. So wie es die Indianer tun, nicht wahr?«

»Wir Indianer glauben, dass die Menschen auch nur ein Teil der Natur sind«, erklärte Charlie. »Wir sind nicht auf der Erde, um uns die Natur untertan zu machen, sondern um gleichberechtigt neben Tieren und Pflanzen zu leben.«

»Wer waren die Männer?«, fragte Annie.

»Keine Ahnung«, antwortete Peggy. »Einen nannten sie Buddy.«

30

»Buddy Miller, den kennen wir, ein ekelhafter Kerl. Dann kann Ron Baxter nicht weit gewesen sein. Ein starker Bursche mit Frisiercreme im Haar?«

Peggy nickte. »Der Anführer. Die anderen hießen Santiago …«

»Der Mexikaner.«

»Und ein junger Mann«, fuhr Peggy fort. »Marty Rockwell … der stellte sich sogar selber vor. Er war irgendwie anders. Freundlicher. Als hätten ihn die anderen gezwungen mitzumachen.«

»Das war wohl eher sein Vater.«

»Sein Vater?«

»James Rockwell, ein wohlhabender Rancher«, erklärte Annie. »Seine Ranch ist die größte in der Gegend hier. Er behauptet, dass die Mustangs seinen Besitz bedrohen, dabei gehört ihm so viel Weideland, dass seine Rinder keinen Hunger zu leiden bräuchten, selbst wenn sich tausend Mustangs auf sein Land verirren würden. Ich glaube, es geht ihm ums Prinzip. Er hält sich für eine Art John Wayne, markiert den starken Mann und lebt nach seinen eigenen Gesetzen. Er betrachtet Mustangs als Ungeziefer, das man vernichten muss.«

»Aber die Pferde tun ihm doch nichts.«

»Und er kann es nicht ertragen, dass eine verkrüppelte Frau ihm Paroli bietet. Wissen Sie, wie er mich nennt? Eine weinerliche Squaw! Eine Frau und ein Indianer, die sich gegen ihn stellen, das ist wohl zu viel für ihn. Er hält das, was Charlie und ich tun, für Gefühlsduselei.«

31

»Marty ist anders«, behauptete Peggy, ohne zu wissen, warum.

»Mag sein, aber gegen seinen Vater hat er keine Chance. Als er die Ranch verlassen wollte, um an einem College an der Westküste Kunst zu studieren, zwang sein Vater ihn, zu Hause zu bleiben. James ist ein unnachgiebiger Mensch.«

»Marty ist Künstler?«

»Er spielt Gitarre. Westernsongs und so was.«

Peggy verdrängte die Gedanken an den jungen Mann und blickte auf das Fohlen. Es zitterte nicht mehr so stark, ließ sich sogar von Annie streicheln.

»Was passiert mit dem Fohlen?«, fragte sie.

»Wir nehmen es mit«, antwortete Annie, ohne den Blick von dem Tier zu nehmen. »Auf der Ranch haben wir eine Stute, die ihr Fohlen verloren hat. Wenn wir Glück haben, nimmt sie das arme Ding an. Sonst ziehen wir es mit der Flasche auf. Wie alt schätzt du es, Charlie? Zwei, drei Monate?«

»Zwei Monate, würde ich sagen.«

»Dann hat es genug Muttermilch bekommen.«

Peggy wusste, dass die erste Milch besonders wichtig für ein Fohlen war. Damit nahm es alle wichtigen Nährstoffe auf, die es für sein Immunsystem und seinen Kreislauf brauchte. »Schade, dass ich Ihnen bei der Aufzucht des Fohlens nicht helfen kann.«

»Weil Sie zum nächsten Rodeo müssen?«, fragte Annie.

»Ich weiß es noch nicht«, erwiderte Peggy. »Nach dem, was ich heute Nachmittag erlebt habe, will ich eigentlich gar nicht mehr so weitermachen wie bisher. Ich könnte mich nicht mehr auf meine Ritte konzentrieren. Ich müsste ständig daran denken, was diese Mustangjäger tun.«

»Sie sind doch kein Profi, oder?«, vermutete Charlie.

»Nein, ich arbeite auch als Bedienung und so, mit den Rodeos verdiene ich nicht genug.«

»Wie wär's mit einer Stelle auf unserer Ranch?«

Peggy blickte den Rancher ungläubig an. »Sie meinen …«

»Als Wrangler«, erklärte Charlie lächelnd. »Sie könnten sich um unsere Pferde kümmern und den Kindern das Reiten beibringen. Wir haben eine ›Dude Ranch‹ für Kinder, wissen Sie? Die Kinder kommen übers Wochenende zu uns und wollen ein bisschen Spaß haben. Die meisten leben in der Stadt und können ein Pferd nicht von einem Esel unterscheiden. Wäre das was für Sie? Wir haben nicht viel Geld und zahlen nicht besonders gut, aber Sie könnten in einem unserer Blockhäuser wohnen und hätten immer was zu essen auf dem Tisch. Sie kennen sich doch mit Pferden aus … und mit Fohlen.«

»Dann könnte ich mich um das Fohlen kümmern?«

»Und um alle anderen Pferde.«

»Und ich könnte Annie bei ihrer Arbeit helfen?«

»Wenn Sie wollen.«

33

Peggy strahlte über das ganze Gesicht. Sie reichte dem Rancher die Hand. »Abgemacht. Ich wollte mir sowieso einen neuen Job suchen, und das Rodeo läuft mir nicht weg. Was wollen Sie gegen die Mustangjäger unternehmen?«

»Das besprechen wir am besten zu Hause«, sagte Annie. »Zuerst mal müssen wir uns um das Fohlen kümmern. Leg ein paar Decken auf die Ladefläche, Charlie. Und fahr nicht zu schnell, sonst stirbt das arme Ding vor Angst.«

Das Fohlen auf die Ladefläche zu bringen war anstrengender, als Peggy gedacht hatte. Anscheinend erinnerte es sich daran, was mit seiner Mutter und den anderen Stuten passiert war, und hatte Angst, dass man mit ihm genauso grausam umsprang. Als Charlie es auf den Arm nehmen wollte, schlug es mit den Hinterbeinen aus und traf ihn beinahe am Knie. Erst nachdem Annie lange auf das Tier eingeredet und es gestreichelt hatte, gab es nach. Um es davor zu bewahren, während der Fahrt aufzuspringen und sich zu verletzen, setzte sich Charlie zu ihm auf die Ladefläche und legte die Arme um seinen Hals.

»Gehört Ihnen der Pick-up mit dem Pferdeanhänger unten an der Straße?«, fragte Annie, als sie einstieg. Und als Peggy nickte, fuhr sie fort: »Fahren Sie uns nach. Wir haben nicht weit.«

Peggy stieg in den Sattel und ritt zum Highway zurück. Sie hatte Dusty bereits in den Anhänger verladen und die Klappe geschlossen, als Charlie die Kreuzung erreichte. Sie ließ den Motor an und folgte ihm langsam.

Es dämmerte bereits, als sie die Double-Lazy-Heart-Ranch erreichten. Die Gebäude lagen am Ufer des Truckee River, nur ein paar Meilen vom Highway 40 entfernt. Eine schmale Schotterstraße, gerade breit genug für einen Pick-up, führte zum Hauptgebäude, einem zweistöckigen Blockhaus mit breiter Veranda. Daneben erhob sich ein riesiger Cottonwood-Baum. Gegenüber, auf der anderen Seite des Hofs, lagen eine Scheune, ein Stall und ein Schuppen. Weiter südlich am Flussufer standen drei kleinere Blockhäuser.

Sie parkten auf dem Hof und stiegen aus. Ein struppiger Hund rannte ihnen bellend entgegen, sprang zuerst an Charlie und dann an Annie empor.

»Nicht so stürmisch, Hopalong«, wehrte Annie ihn lachend ab. »Du weißt doch, dass ich schwach auf den Beinen bin. Begrüße lieber unsere neue Freundin!«

Das tat Hopalong, der nach einem Westernhelden benannt war, dann auch. Erst nachdem er Peggy angesprungen und sie ausgiebig beschnüffelt hatte, verkroch er sich unter der Veranda.

Eine Frau und ein kleines Mädchen traten aus dem Haus.

»Tante Martha, Donna! Alles in Ordnung?«, rief Annie.

»Alles okay«, bestätigte die Haushälterin, eine ältere

Dame mit hochgesteckten Haaren und traurigen Augen »Donna war heute besonders fleißig. Sie hat mir beim Putzen und beim Abwasch geholfen. Ist das nicht toll?«

»Großartig, Donna«, lobte Annie. »Ich wusste, dass ich mich auf dich verlassen kann. Komm und sag unserer neuen Freundin Hallo. Das ist Peggy, sie hilft uns bei den Pferden und wohnt ab heute bei uns. Wenn du weiter so fleißig bist, nimmt sie dich auf einen Ausflug in die Berge mit, einverstanden?«

Donna war ungefähr acht, trug ihre langen strohblonden Haare zu zwei Zöpfen gebunden und hatte leuchtende blaue Augen. Doch als sie Peggy bemerkte, drehte sie sich plötzlich um und rannte weinend davon.

»Ich kümmere mich um sie«, sagte Martha und verschwand ebenfalls.

»Donna kommt aus einer zerrütteten Familie«, erklärte Annie. »Das Jugendamt hat sie uns anvertraut. Sie hoffen, dass Donna sich auf unserer Ranch erholen kann. Ihre Eltern sind beide tot. Ihr Vater ist in Korea gefallen und ihre Mutter hat sich mit Drogen vollgepumpt. Sie wächst bei ihrer Tante auf, aber die hat wenig Zeit und Verständnis für Donna, und ... nun ja, jetzt sollen wir eingreifen. Ich glaube, dass wir hier draußen in der Natur einiges bewirken können.«

Peggy konnte sich gut vorstellen, dass die Beschäftigung mit den Pferden und der Aufenthalt in der Natur für Donna gut waren. Ihr selbst halfen die Ausritte mit

36

Dusty auch, mit ihren Gefühlen ins Reine zu kommen.«

»Aber jetzt kümmern wir uns erst mal um unseren kleinen Vierbeiner«, fuhr Annie fort. »Donna ist bei Tante Martha in guten Händen. Sie können Ihr Pferd in den Stall oder auf die Koppel bringen, wie Sie wollen. In der Sattelkammer ist auch noch Platz.«

Peggy ließ ihren Wallach aus dem Anhänger und nahm ihm den Sattel ab. Nachdem sie ihn abgerieben hatte, führte sie ihn auf die Koppel. »Und dass du mir keinen Ärger machst«, warnte sie ihn, »wir arbeiten jetzt hier.«

Sie brachte den Sattel in die Kammer und kehrte auf die Koppel zurück. Charlie und Annie standen bei einer mausgrauen Stute und versuchten vergeblich sie dazu zu bringen, dem Fohlen ihr Euter zu bieten. Schon beim Anblick des mutterlosen Tieres schlug sie so heftig mit den Hinterläufen aus, dass Annie gezwungen war, es blitzschnell aus ihrer Reichweite zu ziehen.

»Easy, Blue Skies!«, beruhigte Charlie die aufgebrachte Stute.

Annie kümmerte sich um das ängstlich wiehernde Fohlen.

»So wird das nichts«, sagte Charlie. »Lass es uns mit Futter versuchen.« Er ging zum Pferdestall und kehrte mit einer Handvoll Heu zurück. »Mit Speck fängt man Mäuse und mit einer Portion Heu schlecht gelaunte Stuten.«

Er warf der Stute das Heu hin und beobachtete zufrieden, wie sie zu fressen begann. Gleichzeitig führte Annie das Fohlen zu ihr. Der Trick klappte, das Fohlen saugte gierig die Milch in sich hinein. Doch kurz darauf schüttelte die Stute ihren ungebetenen Gast ab und rannte davon.

»Das wird heute nichts mehr«, gab Charlie auf, »lass es uns morgen versuchen, vielleicht ist die Stute dann weniger aufgeregt. Abends ist sie nie in Form.«

Sie ließen das Fohlen auf der Weide, damit es wenigstens ein paar Grashalme fressen konnte, und kehrten langsam zum Haus zurück. Die Sonne war nun ganz hinter den Bergen verschwunden, und düsteres Zwielicht lag über dem Land.

»Ich hoffe, Sie bereuen Ihre Entscheidung nicht«, sagte Annie. »Als Bedienung oder Aushilfe hätten Sie einen wesentlich ruhigeren Job. Bei uns ist immer viel los, besonders an den Wochenenden, wenn die Kinder kommen.«

»Genau der Job, den ich gesucht habe.«

»Ich hoffe, es wird mehr als ein Job.«

»Wie haben Sie es geschafft, das Gesetz für das Jagdverbot in Nevada durchzubringen?«, fragte Peggy, als sie das Gatter erreicht hatten. »Es war sicher nicht einfach, die Politiker zu überzeugen. Die haben doch im Augenblick ganz andere Sorgen.«

Annie blieb am Zaun stehen. »Sie haben recht. Zuerst wollte sich auch niemand darum kümmern, aber ich habe eine gute Freundin beim *Journal*. Lura Tularski, eine Journalistin. Sie war auf meiner Seite und veröffentlichte einige Artikel, die den hohen Herren in Carson City ganz schön zu schaffen machten. Aber eigentlich ging es in Virginia City los, bei einer Anhörung im Courthouse. Ein Rancher und ein Schafzüchter, Burger und Gomez, hatten beim County Council beantragt, eine Herde Mustangs mit Flugzeugen von ihrem Land zu vertreiben und die Tiere an den Schlachthof zu verkaufen. Ich berichtete dem Council, was ich bei anderen Jagden gesehen hatte, und hielt ein Plädoyer für die Erhaltung der Mustangs. Aber das war bei Weitem nicht genug. Ich musste schon was anderes vorbringen, um den Antrag scheitern zu lassen.«

»Sie haben ihnen gesagt, dass die Weiden groß genug sind.«

»Das auch«, erwiderte Annie, die sich gern an ihren Triumph in Virginia City erinnerte. »Aber noch besser war, dass ich herausgefunden hatte, dass Burger und Gomez große Anteile am Schlachthaus besaßen. Auf ihrem Land gab es gar keine Mustangs, sie wollten die Tiere woanders fangen. Sie handelten aus reiner Profitgier. Als das rauskam, wurde der Antrag abgeschmettert.«

»Und Sie hatten einen großen Sieg errungen.«

»Einen kleinen Sieg«, verbesserte Annie. »Mehr als ein Tropfen auf dem heißen Stein war das nicht, denn das Schlachten ging munter weiter, auch nachdem wir das

Gesetz in Carson City durchgebracht hatten. Wissen Sie, wie viel von Nevada dem Staat gehört? Keine zwanzig Prozent. Und nur dort dürfen keine Mustangs gefangen werden. Auf dem Land, das der Regierung in Washington gehört, schon. Und das sind achtzig Prozent.«

»Dann haben die Mustangjäger also recht, sie handeln nach dem Gesetz.«

»Noch«, sagte Annie. Sie klang auf einmal sehr entschlossen. »Aber nicht mehr lange. Denn ich werde dafür sorgen, dass dieses Gesetz auf alle Staaten ausgeweitet wird. Und ich werde durchsetzen, dass die unmenschliche Jagd mit Flugzeugen und Geländewagen verboten wird. Männern wie Buddy Miller und Ron Baxter muss das Handwerk gelegt werden. Es darf einfach nicht sein, dass stolze Mustangs im Schlachthof enden. Dafür werde ich kämpfen!«

»Und ich werde Ihnen dabei helfen«, versprach Peggy.

4

Beim Abendessen gingen Peggy und ihre neuen Freunde zu einer vertrauten Anrede über. »Solange du Tante Martha nicht bloß ›Martha‹ und Annie nicht ›Velma‹ und Donna nicht ›Darling‹ und mich nicht ›Chief‹ nennst, ist alles okay«, sagte Charlie, nachdem sie mit Kaffee und Wasser angestoßen hatten.

Und Peggy erwiderte: »Und ich kann *Pretty, pretty Peggy Sue* nicht mehr hören. Den Song schon, aber nicht, wenn ich gemeint bin.«

»Dann singen wir eben *Diana*«, sagte Annie, »das tut keinem weh. Oder etwas von dem neuen Country-&-Western-Sänger. Wie heißt er noch, Charlie?«

»Johnny Cash.«

»Johnny Cash, richtig. Der gefällt mir.«

»Solange du nicht Elvis Presley sagst«, erwiderte Charlie lachend. »Habt ihr mal gesehen, wie der mit den Hüften wackelt? Beinahe unanständig.«

»Die sind beide doof«, mischte Donna sich ein.

Peggy mochte das Mädchen, auch wenn sie ihr vor dem Essen aus dem Weg gegangen war und darauf geachtet hatte, möglichst weit von ihr entfernt zu sitzen. Sie war der Kleinen nicht böse. Nach allem, was sie mitgemacht hatte, war es kein Wunder, dass sie Fremden gegenüber misstrauisch reagierte. Annie hatte erzählt, dass Donna die ersten drei Tage kein Wort gesprochen hatte. »Ich glaube, wir müssen viel Geduld mit der Kleinen haben.«

»Und warum willst du nicht ›Darling‹ genannt werden?«, wagte Peggy einen Annäherungsversuch bei Donna. Annies warnenden Blick bemerkte sie nicht. »Hat dir deine Mutter denn keinen Kosenamen gegeben?«

»Die hat mich nur beschimpft!«

»Wie bitte?«

»Sie hat böse Sachen zu mir gesagt!« Donna begann

41

zu weinen, ließ die Gabel fallen und rannte aus dem Zimmer. Ihr Stuhl polterte zu Boden.

»Das wollte ich nicht«, erschrak Peggy. »Ich wusste doch nicht …«

»Du kannst nichts dafür«, sagte Annie. »Wir hätten dir sagen sollen, dass du sie nicht auf ihre Mutter ansprechen sollst. Donna hat sehr unter ihr gelitten. Armes Kind. Auch bei ihrer Tante hat Donna wohl nie richtige Liebe erfahren.«

»Soll ich mal mit ihr reden?«, fragte Peggy.

»Nein, lieber nicht«, hielt Annie sie zurück. »Wenn sie in dieser Stimmung ist, lässt man sie besser allein. Hat uns die freundliche Dame vom Jugendamt empfohlen. Es würde einige Zeit dauern, bis sie sich wie ein ›normales‹ Mädchen benimmt. Der Umgang mit den Pferden könnte ihr vielleicht helfen.«

»Dann sollte ich bald mit ihr ausreiten. Vielleicht morgen?«

»Ein gute Idee. Wenn du magst?«

Peggy trank einen Schluck von ihrem Kaffee, der inzwischen lauwarm geworden war. Auch der Auflauf mit Hühnerfleisch wollte ihr nicht recht schmecken, obwohl sie seit dem Frühstück kaum etwas gegessen hatte. Die seltsame Reaktion des Mädchens und die schrecklichen Bilder, die sie am Nachmittag gesehen hatte, gingen ihr nicht aus dem Kopf. »Das Essen war sehr gut«, sagte sie dennoch, »vielen Dank, Martha … Tante Martha.«

»Ich glaube, wir sind alle müde«, sagte Annie, nachdem der Tisch abgeräumt und das Geschirr gespült war. »Es war ein langer und aufregender Tag. Hol deine Sachen, Peggy, dann zeige ich dir deine Hütte.«

Sie traten auf die Veranda, wo Charlie in einem Schaukelstuhl saß, den zottigen Hund zu seinen Füßen, und an einer Maiskolbenpfeife zog. »Meine tägliche Friedenspfeife«, sagte er, als Peggy ihm eine gute Nacht wünschte. Er deutete mit dem Pfeifenstiel zu ihrer Hütte hinüber. »Und pass auf, wo du hintrittst, unter den Felsen im Salbei nisten sich gern Klapperschlangen ein.«

»Die beißen sich an meinen Stiefeln die Zähne aus, Charlie.« Sie zeigte ihm einen ihrer schwarzen Cowboystiefel. »Vielen Dank, dass ich bei euch bleiben darf. Ich werde euch bestimmt nicht enttäuschen.« Sie stieg von der Veranda und zögerte etwas. »Meinst du, wir bringen White Lightning durch?«

»White Lightning?«, fragte er amüsiert.

»So habe ich das Fohlen genannt. Ist das okay?«

»Aber es ist braun.«

»Und schnell wie der Blitz«, erwiderte Peggy überzeugt. »Hast du ihre langen Beine gesehen? Wenn sie groß ist, läuft sie allen Hengsten davon.«

Er lächelte. »Natürlich kriegen wir sie wieder hin. Bei einem Mädchen, das so viel von Pferden versteht wie du, und einer Frau, deren Vater mit Stutenmilch großgezogen wurde, kann doch gar nichts passieren.« Er blickte Annie an.

»Mit Stutenmilch?«, wunderte sich Peggy.

»Das stimmt tatsächlich«, berichtete Annie, als sie zum Blockhaus gingen. »Er wurde in einem Planwagen geboren, als meine Großeltern von Nevada nach Kalifornien zogen, um dort noch einmal von vorn anzufangen. Ihre kleine Ranch war von Indianern überfallen worden. Einige Jahre später kehrten sie nach Nevada zurück, aber das ist eine andere Geschichte. Sie hatten damals eine Pechsträhne. Wie gesagt, die Paiutes machten ihnen zu schaffen. Sie waren nicht so gefährlich wie die Komantschen oder Apachen, aber als Rinderdiebe waren sie unübertroffen. Noch dazu kam ein Teil unserer Rinder in einem heftigen Sandsturm um. Die Lage war so ernst, dass die Bank meinem Großvater keinen Kredit mehr geben wollte.«

»Das ist ja furchtbar«, erwiderte Peggy. Viele Familien hier im amerikanischen Westen wussten solche Geschichten über ihre Vorfahren zu erzählen, und es war immer wieder erstaunlich, wie die Menschen im Wilden Westen es geschafft hatten, bei diesen großen Gefahren und Schwierigkeiten zu überleben.

»Unterwegs auf dem Trail wurde es nicht besser«, fuhr Annie fort. »Sie blieben mit ihrem Planwagen in der Wüste hängen, ein gebrochenes Rad, soweit ich mich erinnern kann, und verloren wertvolle Zeit. Ausgerechnet zu diesem Zeitpunkt musste meine Großmutter ihr Baby bekommen. Das Baby war mein Pa. Sie tauften ihn Joseph, aber die ganze Welt nannte ihn

Joe. Seine Überlebenschancen waren ziemlich gering. Die Vorräte waren knapp, das Wasser ging zur Neige, und daher hatte Grandma nicht genug Milch, um ihr Baby durchzubringen. Zum Glück hatten sie eine Stute und ihr Fohlen dabei. Die Stute war ein Mustang, die sie eingefangen und gezähmt hatten. Damals im Westen brachte man keine Pferde um. Mit der Milch, die sie von der Stute bekamen, retteten sie meinem Pa das Leben.«

»Eine wunderbare Geschichte«, erwiderte Peggy. »Und seitdem seid ihr eine Familie mit Mustangverstand. Kein Wunder, dass du dich so für die armen Tiere einsetzt.« Sie hatten das Blockhaus erreicht und blieben vor der schmalen Veranda stehen. »In meiner Familie gibt es leider keine Pferdevergangenheit. Mein Dad war Automechaniker und meine Ma hat während des Krieges in einer Munitionsfabrik gearbeitet. Das Reiten hab ich auf der Ranch einer Freundin gelernt. Ich hatte schon immer was für Pferde übrig.«

»Was machen deine Eltern jetzt?«

»Sie sind geschieden«, antwortete Peggy. Sie blickte an Annie vorbei in die Dunkelheit. »Ich sehe sie nur noch ganz selten.«

»Das tut mir leid. – Komm, ich zeige dir dein neues Zuhause.«

Das Blockhaus war einfach, aber sehr gemütlich eingerichtet. Die Wände des kombinierten Wohn- und Schlafzimmers bestanden aus ungeschälten Baumstäm-

45

men, die nach Harz rochen und an die Hütte eines Fallenstellers aus dem Wilden Westen erinnerten. Das Bett wirkte ebenfalls sehr rustikal. Die Küchenecke mit einer Herdplatte, einem Wandschrank mit zwei Türen und einem kleinen Kühlschrank war durch eine Frühstücksbar mit zwei Hockern vom Wohnraum getrennt. Hinter der Küche ging es ins Bad. Das Gemälde an der Wand über dem Bett zeigte einen galoppierenden Mustang.

»Ein echtes Ölgemälde«, staunte Peggy.

»Ich male ein bisschen«, gestand Annie etwas verlegen. »Nichts Besonderes, aber es beruhigt mich bei dem Trubel, den ich sonst habe. Der Job bei der Versicherung, die Kinder an den Wochenenden, die vielen Aktionen, um endlich das Gesetz gegen die unmenschlichen Fangmethoden durchzubringen …«

»Du arbeitest bei einer Versicherung?«

»Seit ein paar Jahren schon. Von irgendwas muss man ja leben.« Annie schaltete den Ventilator auf der Kommode ein und nickte zufrieden, als er sich zu drehen begann. »Bei Gordon Harris in Reno. Gordon ist ein guter Freund und unterstützt uns bei unserem Kampf gegen die Mustangjäger. Du musst ihn unbedingt mal kennenlernen. Nun, bist du zufrieden mit deinem Blockhaus?«

»Natürlich, es ist sehr gemütlich.«

Annie ging zur Tür und drehte sich noch einmal um. Ihr gekrümmter Körper zwang sie dazu, sich am

Rahmen festzuhalten. »Du hast mich gar nicht gefragt, warum ich so … anders aussehe«, sagte sie mit leiser Stimme.

»Ich weiß«, erwiderte Peggy. »Ich dachte, du würdest es mir erzählen, wenn es dir wichtig ist.«

Annie lächelte dankbar. »Ich bekam Kinderlähmung. Meine Eltern schickten mich in ein Krankenhaus nach San Francisco, ihre ganzen Ersparnisse gingen dabei drauf, und ich musste ein halbes Jahr in einem Korsett aus Gips aushalten. Danach war ich … nun ja, ich sah nicht mehr so aus wie früher, aber ich war nicht mehr in Lebensgefahr und konnte sogar wieder reiten. Hobo, den Hengst, den ich damals ritt, besitze ich heute noch.«

»Das tut mir leid, Annie.«

»Es muss dir nicht leidtun. Ich hatte sehr viel Glück. Mein kleiner Bruder ist an Kinderlähmung gestorben. Ich rede nicht gern über diese Zeit, wollte aber, dass du es weißt. Wir sehen uns morgen früh. Um halb sieben gibt's Frühstück, okay?«

Nachdem Annie gegangen war, räumte Peggy ihre Sachen in die Kommode. Viel besaß sie nicht. Ein paar Kleider, Röcke und Blusen, die dunklen Hosen und die Fransenblusen für die Wettkämpfe, die verzierten Stiefel, die einfachen für den Alltag, flache Schuhe für die Stadt und ein Paar hohe Schuhe zum Ausgehen. Ihre Waschsachen, ihren kleinen Schminkkoffer, die Taschenbücher, die sie unterwegs gekauft hatte. Auf dem

47

Beifahrersitz ihres Pick-ups lag ein Koffer mit ihrem gesamten Hausrat. Bevor sie auf Rodeo-Tour gegangen war, hatte sie ihr Apartment in Billings aufgegeben und wohnte dann in billigen Motels, manchmal schlief sie sogar auf der Ladefläche ihres Autos.

Sie stellte ihren Wecker und den kleinen Plüschbären, den sie von einem weiblichen Fan bekommen hatte, auf den Nachttisch und trat vor die Tür. Ein Ritual, das sie sich in den Motels angewöhnt hatte, um noch einmal frische Luft zu atmen, bevor sie sich mit einem Buch ins Bett legte. Sie setzte sich in den alten Schaukelstuhl, der auf der Veranda stand, und blickte zum Himmel empor. In der klaren Luft wirkten der halbe Mond und die unzähligen Sterne zum Greifen nahe, als würde das Weltall die Sterne über diesem weiten Land verstreuen. Vom Fluss drang das leise Rauschen des Wassers zu ihr herauf, und im kniehohen Ufergras zirpten die Grillen. Ein Eichhörnchen huschte keine zwei Schritte von ihr entfernt durchs Gras und kletterte auf einen Baum.

Von der Koppel drang das leise Wiehern eines Pferdes herüber. Dusty, dachte sie, er muss sich erst an die ungewohnte Umgebung gewöhnen. Sie stand auf, öffnete das Fliegengitter und hörte erneut sein Wiehern, diesmal etwas schriller und hektischer. Bei einem anderen Pferd hätte sie den Unterschied gar nicht bemerkt, doch Dusty kannte sie seit vielen Jahren. Sie hatte das Pferd vom Vater ihrer Freundin, einem wohlhabenden Rancher, gekauft und in Raten abgestottert. Seitdem waren Dusty und sie unzertrennlich. Sie kannte seine Eigenarten, seine Launen, erkannte schon an seinem Schnauben, wenn etwas nicht in Ordnung war.

Irgendetwas stimmte nicht auf der Koppel. Ein unruhiger Hengst, der die Stuten verunsicherte. Ein offenes Gatter. Ein Gewitter, das über die Berge in ihre Richtung zog. Vielleicht gab es ein Problem mit dem mutterlosen Fohlen?

Sie holte ihre braune Lederjacke, die sie an den Haken neben der Tür gehängt hatte, schlüpfte hinein und lief über den schmalen Pfad zum Haus hinauf. Das Licht war erloschen. Durch das geöffnete Fenster der Johnstons hörte sie Charlie laut schnarchen. Hopalong blickte schläfrig unter der Veranda hervor, als sie vorbeikam.

Über die holprige Schotterstraße lief sie zur Koppel. Das Gatter war verschlossen, das Fohlen schlief allein im Gras. Nur Dusty und ein anderer Wallach standen in der Nähe des Zaunes und blickten nervös zum Stall hinüber.

»Dusty! Was ist denn los?«, rief sie verwundert.

Sie kletterte auf die mittlere Sprosse des Zauns und beugte sich zu ihm hinüber. Freundschaftlich tätschelte sie seinen Hals. »Musst dich wohl erst damit abfinden, dass du jetzt Gesellschaft hast, was? Kein Grund, sich aufzuregen, glaub mir.«

Doch Dusty gab keine Ruhe, lief die paar Schritte zum Gatter, das dem Stall am nächsten lag, und wie-

49

herte nervös. Gleich darauf kehrte er zurück. Ein wildes Tier, vermutete Peggy, es sollte Berglöwen in der Gegend geben.

Aber warum lief ihr Pferd ständig Richtung Stall?

Sie sprang vom Zaun und ging langsam weiter, erkannte plötzlich, dass einer der Torflügel des Pferdestalls offen stand. Hatte Charlie vergessen ihn zu schließen? Versteckte sich eine Raubkatze im Stall? Nein, dann würden die Pferde in ihrer Panik längst in den Boxen lärmen.

Sie überlegte kurz, ob sie Charlie wecken sollte, entschied sich dagegen und ging mutig auf den Stall zu. Was sollte schon groß passiert sein? Wenn sich kein wildes Tier im Stall aufhielt, konnte nur der Wind an der Unruhe der Pferde schuld sein. Er hatte in der letzten halben Stunde aufgefrischt, trieb über das Gras und verfing sich pfeifend im Stall. »Seit wann bist du so ein Angsthase?«, rief sie Dusty zu. »Jetzt fürchtest du dich schon vor dem Wind!«

Der Wallach schnaubte unwillig, als wollte er sie warnen.

Peggy blieb zögernd vor dem Stall stehen und drehte sich zu ihm um. Vielleicht war es ja doch nicht der Wind, schoss es ihr durch den Kopf. Sie steckte vorsichtig ihren Kopf in den Stall, zuckte erschrocken zurück, als eines der Pferde in den Boxen ausschlug und mit beiden Hinterhufen die hölzerne Rückwand traf. Schrilles Wiehern hallte durch den Stall.

50

Gleichzeitig ging die Hintertür auf, und vor dem helleren Hintergrund zeichneten sich für den Bruchteil einer Sekunde die Umrisse eines Mannes ab. Dann klappte die Tür wieder zu und vor Peggy lag tiefe Dunkelheit.

Ohne zu überlegen, rannte sie aus dem Stall und um das Gebäude herum. Sie hatte sich nicht getäuscht. Ein Mann lief quer über die Weide, hatte schon einen großen Vorsprung und hielt auf das Wäldchen am Fluss zu.

»Hey, Mister!«, rief sie. »Was wollten Sie im Stall? Wollten Sie ein Pferd stehlen? Wenn wir Sie noch mal erwischen, rufen wir die Polizei, verstanden?«

Der Mann drehte sich nicht mal um und verschwand in dem Wäldchen.

Peggy kehrte nachdenklich zur Koppel zurück. Das Licht im Haupthaus brannte wieder und Charlie kam ihr mit einer Schrotflinte entgegen. In seiner Unterwäsche wirkte er ein wenig lächerlich, aber ihr war nicht nach Lachen zumute.

»Da war jemand im Stall!«, rief sie aufgeregt.

Charlie ließ die Schrotflinte sinken und blickte wütend zum Waldrand hinüber. »Und das nicht zum ersten Mal. Sie wollen uns Angst einjagen, damit wir den Kampf gegen die Mustangjäger aufgeben. Aber so leicht lassen wir uns nicht unterkriegen.« Er wandte sich langsam ab. »Geh wieder schlafen, Peggy. Der kommt nicht mehr wieder. Tut mir leid, dass ich dir in

51

diesem Aufzug begegne. So bekommt mich eigentlich nur Annie zu sehen.«

Peggy verkniff sich ein Lächeln. »Schon gut, Charlie. Gute Nacht.«

5

Am nächsten Morgen schien die Sonne. Ihre Strahlen fielen durchs Fenster und ließen Donnas blonde Haare wie bei einer Prinzessin leuchten. Das sagte Annie beim Frühstück, als sie die Schüssel mit den Rühreiern weiterreichte. »Freust du dich auf den Ausflug mit Peggy?«, fragte sie. »So ein Picknick ist was Feines, an der frischen Luft schmeckt es viel besser.«

»Aber ich kann doch gar nicht reiten«, erwiderte Donna. »Letztes Mal bin ich beinahe runtergefallen. Wenn Charlie mich nicht gehalten hätte …«

Annie schenkte ihr Kakao ein. »Peggy passt gut auf dich auf. Sie reitet beim Rodeo, weißt du? Da dürfen nur die besten Reiterinnen des Landes mitmachen. Sie zeigt dir, wie man am besten im Sattel sitzt, dann kann gar nichts passieren. Pinto mag dich, das weißt du doch.«

»Du darfst mir auch beim Broteschmieren für euer Picknick helfen«, sagte Tante Martha. »Leckere Sandwiches mit Huhn und Käse, und für jede einen Apfel.

Vielleicht legen wir noch ein Stück Schokolade dazu, na, was meinst du?«

Donna willigte zögernd ein und folgte der Haushälterin in die Küche.

»Und ich kümmere mich um die Pferde«, sagte Peggy. »Vielleicht bringe ich die Stute ja doch noch dazu, White Lightning zu adoptieren.« Sie lächelte verschmitzt. »Ich kenne da einen Trick, auf den sie vielleicht hereinfällt. Old Jules, ein Arbeiter auf der Ranch meiner Freundin, hat ihn mir verraten.«

»Na, dann hoffen wir mal, dass Old Jules ein Pferdekenner war.«

»Oh, das war er«, erwiderte sie fröhlich, »in seinem Zimmer hingen lauter Auszeichnungen. Als junger Mann war er Rodeo-Champion. Zwei Dutzend erste Plätze beim Wildpferdreiten, zwei große Pokale für Gesamtsiege und ich weiß nicht wie viele vordere Plätze. Er prahlte immer damit, dass er sich während seiner Karriere über dreißig Mal die Knochen gebrochen hatte.«

Charlie lachte. »Na, wenn das keine Empfehlung ist.«

Beim Auto verabschiedete sich Peggy von ihren neuen Arbeitgebern. Charlie würde seine Frau wie jeden Morgen in die Stadt bringen und noch einige Besorgungen erledigen, bevor er nach Hause zurückkehrte.

Er stieg ein und lehnte sich aus dem offenen Fenster. »Bleib in der Nähe des Flusses, da kommst du den

53

Cowboys der Rockwell-Ranch nicht in die Quere. Wer weiß, welche Störmanöver die Burschen noch auf Lager haben.«

»Du meinst, der Mann heute Nacht war ein Rockwell-Cowboy?«

»Oder jemand, der von James Rockwell bezahlt wird.«

»Er ist ein unverbesserlicher Macho«, fügte Annie mit einem bitteren Lächeln hinzu. »Wenn's nach ihm ginge, dürften Frauen noch immer nicht wählen. Er hat was dagegen, dass ich mich einmische.«

»Versteh uns nicht falsch«, sagte Charlie, »er ist kein Verbrecher. Er ist ein störrischer und hochnäsiger Bursche, das ist alles. Wenn Annie mit ihren Aufrufen etwas Konkretes erreicht, greift er vielleicht zu drastischeren Methoden. Bisher wollte er uns nur Angst machen. Wilde Drohungen ausstoßen, die Pferde verjagen … so was.«

»Einer jungen Frau und einem kleinen Mädchen werden sie wohl kaum etwas tun«, erwiderte Peggy, obwohl sie bei Männern wie Buddy Miller und Ron Baxter nicht sicher war. »Uns passiert nichts, Charlie.«

»Ich verlasse mich auf dich, Peggy. Bis später.«

Peggy winkte ihren neuen Freunden nach und ging zur Koppel. Hopalong lief ihr schwanzwedelnd nach. Der zottige Hofhund hatte bereits Zutrauen zu ihr gefasst und bellte nicht mal, wenn sie in seine Nähe kam. »Hey, Hopalong«, begrüßte sie ihn freundlich. »Noch zu früh, um Kaninchen zu jagen?«

54

In der Koppel kam ihr Dusty entgegengelaufen. Sie begrüßte ihn mit einer Mohrrübe, die sie für ihn in der Tasche hatte, und tätschelte seinen Hals. »Hallo, Dusty! Na, wie gefällt's dir auf deiner neuen Koppel? Verträgst du dich auch mit den Stuten? Dass mir keine Klagen kommen, hörst du mich?«

Dusty nickte schnaubend, als hätte er sie verstanden, und lief zum anderen Ende der Koppel zurück.

»White Lightning!«, rief Peggy dem Fohlen zu. »Bist du okay?«

Besonders glücklich sah White Lightning nicht aus. Kein Wunder, sie hatte Hunger und brauchte dringend Stutenmilch. Allein mit Heu und Gras würde sie nicht überleben, dazu war sie noch zu klein. »Wollen doch mal sehen, ob Blue Skies heute etwas zugänglicher ist. Ich kenne da einen Trick, weißt du?«

Sie griff nach einem zusammengerollten Lasso, das über einem der Pfosten hing, und trieb das Fohlen durch die Koppel. Nachdem sie das Gatter geöffnet hatte, scheuchte sie es mit einem »Vorwärts, Kleine!« in den Stall. Sie drängte es in eine leere Box, trieb die anderen Pferde auf die Koppel hinaus und fing Blue Skies mit dem Lasso ein. Die wehrte sich kaum gegen die Schlinge, war es gewohnt, dass man sie auf diese Weise aus der Herde holte.

Im Stall führte sie Blues Skies an der Koppel mit dem Fohlen vorbei. Sie zögerte bewusst etwas, um der Stute die Möglichkeit zu geben, die Witterung des kleinen

55

Tieres aufzunehmen. »So, um dich kümmere ich mich gleich, Blue Skies«, sagte sie, als hätte sie vor, die Stute in eine leere Box zu führen.

Vor ihren Augen band sie White Lightning los. Das Fohlen reagierte nervös, als es die Nähe von Blue Skies spürte, hatte inzwischen so großen Hunger, dass es sich kaum noch im Zaum halten konnte. Indem Peggy die Stute mit dem Rücken abschirmte, öffnete sie die halbe Tür und ließ White Lightning frei. Sie sprang weg und blieb nach einer Weile abwartend stehen.

Von Old Jules hatte Peggy gelernt, dass es besonders in diesem Augenblick auf das richtige Timing ankam. Man durfte die Stute nicht zu früh aus dem Stall lassen, als würde man ihr das Fohlen aufdrängen, man sollte aber auch nicht warten, bis ihr Interesse erlosch. Ihr ungeduldiges Schnauben erfüllte den Stall, und ihre Flanken zitterten nervös. Das schutzbedürftige Fohlen, das vor ihren Augen davonlief, weckte ihren Mutterinstinkt. Nach dem Tod ihres eigenen Fohlens war sie bereit, ein anderes Jungtier anzunehmen.

Peggy ließ die Stute vorbei und fast augenblicklich galoppierte diese zu White Lightning. Das Fohlen suchte nach ihrem Euter und bekam es zu fassen, ohne dass Blue Skies es zu merken schien. Für sie schien es selbstverständlich zu sein, dass das Fohlen an ihr saugte. Die beiden waren plötzlich ein Herz und eine Seele.

Bei diesem Anblick bekam Peggy feuchte Augen. Ohne Blue Skies wären die Überlebenschancen des

Fohlens sehr gering gewesen. Sie hätten natürlich versucht, es mit der Babyflasche durchzufüttern, doch es war nie sicher, ob ein Fohlen die Flasche annehmen würde.

»So gefallt ihr mir schon besser«, rief Peggy den beiden zu.

Die nächste knappe Stunde verbrachte sie damit, alle Tiere mit frischem Heu zu versorgen und den Stall auszumisten. Sie war die Arbeit gewohnt, hatte auf der Ranch ihrer Freundin oft genug geholfen. Allein die Freundschaft mit Judy, die inzwischen an einem College an der Ostküste studierte, war dafür verantwortlich gewesen, dass sie zur Pferdenärrin geworden war. Und ihr »Naturtalent als Rodeo-Reiterin«, das nicht nur Judy, sondern auch deren Vater bemerkt hatte.

Sie war gerade dabei, Dusty zu satteln, als Donna aus dem Haus gerannt kam. Sie trug ihre neuen Cowboystiefel, die Charlie ihr geschenkt hatte, eine karierte Bluse und hochgerollte Dungarees. Ihren breitkrempigen Strohhut hatte sie keck in die Stirn gezogen. »Ich hab unser Picknick dabei«, rief sie und hielt einen Beutel mit Sandwiches, Äpfeln, Schokolade und Wasser hoch. Nichts erinnerte mehr an das traurige Mädchen vom vergangenen Abend.

»Wunderbar«, erwiderte Peggy. Sie hängte den Beutel an ihr Sattelhorn, nahm ihr Lasso und fing Pinto ein. Ein ganz zahmer Wallach, etwas kleiner und stämmiger als die anderen Pferde. Sein Fell war gescheckt.

57

»Und jetzt hilf mir beim Satteln! Wenn du größer bist, musst du das ganz alleine schaffen, klar?«

»Klar, Peggy.«

Peggy holte das Sattelzeug aus der Kammer, legte dem Pferd eine Decke über den Rücken und stemmte den Sattel darauf. »So, und du hältst diesen Gurt jetzt ganz fest, ja?« Sie reichte Donna den Sattelgurt, führte das andere Ende unter dem Bauch des Tieres hindurch und zog ihn durch die Lasche. »Und jetzt ziehen wir den Gurt an. Er muss immer fest sitzen, wenn du reitest, sonst verrutscht der Sattel und du fällst runter. Wenn du eine längere Rast einlegst, lockerst du ihn.«

Sie klappte den Steigbügel herunter und half Donna in den Sattel. Das Mädchen hatte keine Angst vor Pferden wie viele Städter, die sie getroffen hatte.

Peggy reichte ihr die Zügel. »Du hast doch sicher schon einiges bei Charlie und Annie gelernt. Weißt du denn auch, wie man mit den Zügeln lenkt?«

»Na klar«, erwiderte Donna etwas altklug, »man zeigt dem Pferd damit, wo man hinwill. Und wenn es stehen bleiben und fressen will, treibt man es damit an. Man muss dem Pferd zeigen, wer das Sagen hat. Stimmt doch, oder?«

Peggy musste lachen. »Ja, das stimmt. Bleib dicht bei mir, okay?«

Sie ritten zum Haupthaus und sahen Charlie mit dem Pick-up die Straße herauffahren. Sie warteten, bis er ausgestiegen war, und winkten ihm zu.

»Hallo, Charlie!«, rief Donna fröhlich. »Das gimg aber schnell. Wie sehe ich aus?«

»Wie ein echtes Cowgirl«, erwiderte der Indianer anerkennend. Er wuchtete einen Sack mit Futtermitteln von der Ladefläche und stellte ihn auf den Boden. »Denk dran, was ich dir gesagt habe, Peggy. Immer am Fluss bleiben.«

»Wird gemacht. Übrigens … Blue Skies hat das Fohlen angenommen.«

»Wunderbar. Dein Zaubertrick?«

»Wird nicht verraten! Bis später, Charlie!«

Sie ritten vom Hof und folgten dem schmalen Pfad, der hinter den Blockhütten am Fluss entlangführte. Die Cottonwoods am Ufer hielten die Sonne ab, die bereits hoch am wolkenlosen Himmel stand. Peggy ließ das Mädchen vorausreiten, um besser sehen zu können, wie es sich im Sattel hielt, und war sehr zufrieden mit ihm. Anders als die Kinder, die bei Jahrmärkten und County Fairs auf zahmen Ponys im Kreis ritten, bewegte sie sich sehr natürlich im Sattel. Die Zügel lagen locker in ihrer linken Hand und sie klammerte sich nicht ängstlich ans Sattelhorn.

»Das machst du sehr gut, Donna! Hast du das von Charlie abgeschaut?«

»Von Charlie und von Annie. Annie war mal schwer krank, hast du das gewusst? Deshalb sieht sie so anders aus. Trotzdem reitet sie besser als alle anderen. Sogar besser als Charlie. Weil die Pferde mit ihr verwandt

sind, sagt Charlie. Nur wer Pferde mag, kann gut reiten, sagt er. Magst du Pferde?«

»Ich mag sie sogar sehr. Besonders meinen Dusty.«

»Ich mag Pinto auch.«

Im Westen wurde das Land hügeliger. Sie ritten weiter flussaufwärts, blieben auch in dem Labyrinth von
zerklüfteten Felsen, das sich auf ihrer Seite des Flusses erstreckte, dicht am Ufer und hielten auf die Berge
zu, die sich jenseits der kalifornischen Grenze aus dem
Land erhoben. Riesige Felsmassive, zum Teil mit Wald
bewachsen und mit Schnee auf den Gipfeln. Sie erinnerten Peggy an die Gletscher im nördlichen Montana,
an den Nationalpark, in dem sie als kleines Mädchen
mit ihren Eltern gewesen war. Über den Bergen stand
die Sonne am strahlend blauen Himmel, wie geschaf-
fen für einen Reitausflug.

In den Ausläufern der Berge folgten sie einem alten
Indianerpfad zum Waldrand empor. Rechts von ihnen
verlor sich der Fluss in einer zerklüfteten Schlucht,
stürzte in einem rauschenden Wasserfall von den Felsen. Charlie hatte ihr von der Stelle erzählt und empfohlen, den Pfad zu nehmen. »Nach ungefähr einer
Stunde erreicht ihr eine Bergwiese und einen Felsen,
den wir Chief's Nose nennen, weil er wie die riesige
Nase eines Häuptlings aus dem Berg ragt. Von dort
habt ihr eine herrliche Aussicht. An guten Tagen kann
man den Lake Tahoe sehen.«

Der Pfad machte Donna etwas mehr zu schaffen. In

60

den steilen Kurven hielt sie sich mit beiden Händen am Sattelhorn fest, und ihr ängstlicher Blick streifte immer wieder über die Felswände und den Wasserfall, der inzwischen schon weit unter ihnen rauschte. Sie stand mit beiden Beinen in den Steigbügeln und wirkte verkrampft, versuchte aber sich nichts anmerken zu lassen. Sie lächelte sogar und sagte: »Ich bin okay, Peggy, es geht schon.«

Peggy war wenige Schritte hinter ihr. »Bleib locker, Donna! Bleib im Sattel sitzen und halte dich nicht am Sattelhorn fest. Pinto weiß, was er tut. Es kann dir gar nichts passieren. Zeig Pinto, dass du keine Angst hast!«

Donna versuchte es und kam in der nächsten Kurve schon besser klar. Sie saß jetzt entspannter im Sattel und lächelte stolz, als Peggy sie auf dem Gipfel lobte: »Sehr gut, Donna! Wenn du so weitermachst, bekomme ich bald Konkurrenz beim Rodeo.«

»Pinto ist mein Freund. Deshalb klappt es so gut.«

Vor dem Felsen, den die Indianer »Chief's Nose« nannten, stiegen sie aus den Sätteln. Vor ihnen erstreckte sich eine sattgrüne Wiese, so grün, wie das Gras nicht mal in Montana wuchs, mit Wildblumen in leuchtenden Farben übersät. Ehrfürchtig blickten sie an dem Felsmassiv empor, das sich vor ihnen erhob, ein riesiger Kegel aus grauem Stein, mit glatten Flächen, wie mit einem Bügeleisen geplättet, und mit schroffen Abhängen, die dunkel und geheimnisvoll im Schatten lagen. Ein Adler zog seine einsamen Kreise und suchte mit scharfen Augen nach Beute. Tiefe Stille lag über der Bergwiese.

Sie ließen die Pferde grasen und picknickten auf der breiten Felsennase. Während sie sich die Sandwiches schmecken ließen und von dem kühlen Wasser aus den Feldflaschen tranken, genossen sie die Aussicht, die noch großartiger war, als Charlie sie beschrieben hatte. Weit unter ihnen sprudelte der Truckee River durch ein tiefes, von steilen Felswänden begrenztes Tal, westlich davon ragten gewaltige Gipfel aus dunklen Fichtenwäldern empor. Der betörende Duft der vielen Blumen vermischte sich mit dem Harzgeruch, der von den unzähligen Fichten in den Bergtälern emporstieg.

»Wo bist du zu Hause, Donna?«, fragte Peggy vorsichtig.

»Ich hab kein Zuhause mehr«, antwortete das Mädchen. »Als ich klein war, haben wir in Denver gewohnt. Da gab es auch hohe Berge, aber hier ist es schöner. So still und so … feierlich. Meine Eltern haben immer gestritten.« Sie blickte eine Weile stumm in das Tal hinab, ließ wohl Bilder aus der Vergangenheit vor ihren Augen vorbeiziehen. »Jetzt sind sie beide tot. Mein Vater ist im Krieg gestorben, und meine Mutter … sie hat irgendein giftiges Zeug genommen, von dem ihr schlecht wurde. Sie ist im Krankenhaus gestorben. Ich hab nicht mal geweint.« Sie trank einen Schluck Wasser und blickte zu dem Adler empor. Er hatte eine Beute entdeckt, schoss vom Himmel und verschwand mit

62

einem kleinen Tier in den Fängen über den Bäumen. »Meinst du, sie stecken mich in ein Heim, Peggy?«

Peggy schüttelte den Kopf. »Sie wollen, dass du dich erholst«, wich sie aus. »Deshalb bist du bei Annie und Charlie. Wenn deine Ferien vorbei sind, geht es dir sicher besser. Deine Tante freut sich bestimmt schon auf dich.«

»Ich will nicht mehr bei ihr wohnen«, sagte Donna.

Sie aßen eine Weile schweigend, jede in ihre Gedanken vertieft. Donna hatte Tränen in den Augen. Peggy bedauerte, sie auf ihre Eltern angesprochen zu haben. Doch der Wind, der von den Gipfeln herabwehte, vertrieb die quälenden Gedanken und ließ Donna bald wieder lächeln. Dies war kein Ort, um zu trauern oder sich Sorgen zu machen.

Nur die Wehmut blieb. Als Donna ein Reh und sein unbeholfenes Kitz auf dem Talboden entdeckte, blickte sie Peggy an und sagte: »Weißt du, was? Ich wollte, Annie wäre meine Mutter. Dann könnte ich für immer hierbleiben.«

6

White Lightning und ihre Adoptivmutter schmusten vergnügt auf der Koppel, als Peggy und Donna von ihrem Ausflug heimkehrten. Beide Reiterinnen versorgten ihre Pferde und stellten sie im Stall unter, damit sie dort in Ruhe fressen und sich von dem langen Ritt ausruhen konnten.

Donna war müde und erschöpft, aber wieder guter Dinge. »Stell dir vor, Annie, ich hab eine Rehmutter mit ihrem Kitz gesehen. Oben auf der Bergwiese.«

»Das ist ja toll«, erwiderte Annie. »Und wie klappt es mit dem Reiten?«

Peggy lächelte zufrieden. »Wenn sie so weitermacht, macht sie mir beim Rodeo bald Konkurrenz. Sie reitet hervorragend. Nur an den steilen Stellen, da hapert es noch ein wenig. Aber das wird schon.«

»Und das Picknick hat ganz toll geschmeckt.«

Annie blickte Peggy dankbar an und wandte sich dann an Donna: »Na, dann geh erst mal in dein Zimmer und ruh dich aus. Ich hab dir ein Buch aus der Stadt mitgebracht.«

»Au, prima. Dann fang ich gleich an zu lesen.«

Während sie davonrannte, kam Charlie mit einem Packen Briefumschläge herein. »Hallo, Donna! Wie war's?«, rief er, und Donna schaffte gerade noch ein »Super!«, dann klappte ihre Zimmertür zu. Charlie legte die Umschläge auf den großen Esstisch, der bereits mit einem dicken Stapel Briefe belegt war. »Anscheinend hat es ihr Spaß gemacht. So ausgelassen hab ich sie lange nicht mehr erlebt. Peggy, ich glaube, das haben wir dir zu verdanken. Ich bin froh, dass du geblieben bist.«

Peggy griff dankbar nach dem Glas mit kühler Limonade, das Charlie ihr reichte. »Schreibst du Briefe wegen der Mustangs?«, fragte sie die Ranchbesitzerin, nachdem sie einen Schluck getrunken hatte. Die Limonade schmeckte köstlich. »Das sind doch bestimmt hundert Briefe … wenn nicht mehr.«

»Zweihundertfünfzig«, verbesserte Annie. »Gordon hat mich früher gehen lassen, damit ich sie heute Abend kuvertieren und morgen früh zur Post bringen kann.«

»Und an wen gehen die alle? An die Regierung?«

Annie klebte einen Umschlag zu und lachte. »Präsident Eisenhower hat bereits drei Briefe von mir. Leider hat er nie geantwortet. Ich nehme an, unser Problem interessiert ihn nicht besonders. Seitdem die Russen uns im Weltall den Rang ablaufen, hat er wahrscheinlich andere Sorgen. Ich befürchte, wir landen eher auf dem Mond, als dass wir uns um notleidende Tiere wie die Mustangs kümmern.«

»Ich wüsste schon, wen ich auf den Mond schießen würde«, sagte Charlie.

Peggy blickte auf ihre staubigen Stiefel. »Ich helfe euch. Bis zum Abendessen schaffen wir die Briefe bestimmt. Ich gehe mich nur rasch umziehen, okay?«

Sie ging zur Tür und hatte sie schon halb geöffnet, als sie einen Wagen kommen sah. »Da kommt jemand«, rief sie überrascht. »Ein rot-schwarzer Chevy.«

»Das ist Lura … es muss was passiert sein.«

Der Wagen hielt vor dem Haus und eine elegant gekleidete Dame stieg aus. Ihre blonde Dauerwelle passte gut zu dem dunkelgrünen Kostüm, dessen Rock ihr bis knapp über die Knie reichte. Dazu trug sie weiße Pumps mit hohen Absätzen.

»Lura! Was machst du denn hier?«, rief Annie, als die Frau das Wohnzimmer betrat. »Du bist ja vollkommen außer Atem! Was ist passiert? Trink erst mal einen Schluck Limonade, bevor du loslegst.« Sie deutete auf Peggy. »Peggy Corbett, unsere neue Freundin und Mitarbeiterin. Lura Tularski, die Journalistin, von der ich dir erzählt habe.«

Peggy nickte der Journalistin freundlich zu.

»Peggy Corbett, die Rodeo-Reiterin?«, fragte Lura überrascht. »Ich muss unbedingt eine Kolumne über Sie schreiben. ›Der verzweifelte Kampf eines begeisterten Cowgirls gegen die übermächtige Tochter eines stinkreichen Ranchers aus Texas‹ … oder so ähnlich.« Sie amüsierte sich über ihre eigenen Worte. »Sie werden diese Dixie Malone doch irgendwann schlagen, oder?«

»Ich gebe mir alle Mühe«, erwiderte Peggy. »Aber jetzt lege ich erst mal eine Pause ein. Ich will Annie bei ihrem Kampf gegen die Mustang-Schlächter helfen.«

»Mustang-Schlächter … der Ausdruck gefällt mir. Ich darf ihn doch verwenden? Es ist wirklich eine Schande, was diese Burschen anstellen. Und wenn ich sie im *Journal* angreife, rufen sie in der Redaktion an und beschimpfen mich oder schicken böse Briefe. Sie glauben ja nicht, was die für Ausdrücke auf Lager haben. Aber deswegen bin ich nicht hier.« Sie blickte Annie an. »Es ist wieder so weit. Eine neue Mustangjagd. Hab ich zufällig in der Redaktion aufgeschnappt.«

Annie war sofort hellwach. »Wann? Wo?«

»Jetzt, heute Nachmittag«, erwiderte die Journalistin. »In den Flats, ungefähr zwanzig Meilen östlich von hier. Mehr weiß ich leider auch nicht. Aber es sieht ganz so aus, als wären Buddy Miller und Ron Baxter dabei. Die beiden machen mir schon seit Wochen die Hölle heiß.«

»Heute Nachmittag? Dann kommen wir zu spät«, sagte Charlie.

Annie war bereits aufgestanden und griff nach ihrer Jacke. »Nicht, wenn wir gleich losfahren. Holst du mir den Fotoapparat, Charlie? Vielleicht schaffen wir es diesmal, ein paar Bilder zu machen. Die würden uns helfen die Leute zu mobilisieren. Tante Martha? Kümmere dich um Donna, ja? Wir sind bald zurück.« Sie wandte sich an die Journalistin. »Danke, dass du uns Bescheid gesagt hast. Du kannst gerne zum Essen bleiben. Es ist genug da, und Tante Martha freut sich bestimmt, wenn du bleibst. Charlie und ich fahren gleich los. Und Peggy …«

»… fährt natürlich mit«, ergänzte Peggy.

»Ich muss leider auch gehen«, sagte Lura Tularski. »Ich hab eine Einladung zum Pat-Boone-Konzert. Vielleicht bekomme ich sogar ein Interview.« Sie war schon an der Tür. »Ich wünsche euch viel Glück. Ich bin auf eurer Seite, okay?«

»Das wissen wir doch«, erwiderte Annie. »Sag Pat einen schönen Gruß.«

»Wenn ich an ihn rankomme. Diese Superstars sind manchmal komisch.«

Die Journalistin verabschiedete sich und verließ das Haus. Ihre hohen Absätze klapperten über die Veranda. Wenig später heulte der Motor ihres Wagens auf, und sie verschwand in einer dichten Staubwolke, als wäre jemand hinter ihr her.

»Sie hat Angst«, sagte Annie.

»Die hätte ich auch an ihrer Stelle.« Charlie reichte ihr den Fotoapparat. »Wenn die Zeitung ihretwegen Anzeigenkunden verliert würde, sitzt sie auf der Straße. Und du weißt, wie gerne sie ihren Job macht. Ohne das *Journal* könnte sie nicht leben. Es grenzt schon an ein Wunder, dass sie uns in der Kolumne unterstützt.«

»Lura ist schwer in Ordnung«, sagte Annie. »Gehen wir.«

Auf der Bank im Pick-up-Truck war genug Platz. Annie war noch schlanker als Peggy, so konnten sie zu dritt bequem nebeneinandersitzen. Den Fotoapparat mit dem aufgeschraubten Blitz hielt sie mit beiden Händen im Schoß. Charlie saß hinter dem Lenkrad und folgte der Staubwolke, die immer noch über der Schotterstraße hing, zum Highway.

Er zog einen Revolver aus seiner Jackentasche und reichte ihn Annie. »Nur für alle Fälle«, entschuldigte er sich. »Du weißt, was für ein Hitzkopf dieser Buddy

68

Miller sein kann. Wenn der so richtig in Rage ist, geht er auch auf Frauen los. Leg ihn ins Handschuhfach.«

Annie nahm den Revolver, klappte die Trommel auf und überprüfte, ob er geladen war, dann legte sie ihn zu den Papieren und der Taschenlampe ins Handschuhfach. An der Art, wie sie ihn anfasste, erkannte Peggy, dass sie mit Waffen vertraut war.

Über den Highway 40 fuhren sie nach Osten. Die Sonne stand bereits dicht über den Bergen, schien durch das Rückfenster ihres Pick-ups und spiegelte sich in den Windschutzscheiben der entgegenkommenden Fahrzeuge. Die Chromteile an einem schweren Truck funkelten und blitzten. Über der ausgedorrten Wüste, die sich zu beiden Seiten des Highways erstreckte, lagen dunkle Schatten. Die Luft, die durch das geöffnete Seitenfenster hereinströmte, roch nach Salbei.

»Schickst du die Fotos dann an die Regierung?«, fragte Peggy.

»An Mister Eisenhower höchstpersönlich und an jeden Senator, der mir einfällt. Ich weiß, dass die hohen Herren in Washington jeden Tag massenhaft Post kriegen und ihre Sekretärinnen einen Teil ungelesen in den Papierkorb werfen, aber vielleicht habe ich ja Glück und einer von ihnen sieht sich die Fotos tatsächlich an. Verlassen können wir uns nicht darauf. Ich will, dass alle Amerikaner diese Bilder sehen und endlich erkennen, was hier draußen mit den Mustangs passiert. Die meisten Menschen wissen doch gar nicht, was mit den Mustangs geschieht. Und wenn man es ihnen erzählt, glauben sie es nicht. Ich konnte es auch nicht glauben, bevor ich die blutenden Pferde sah. Deshalb werde ich die Fotos auch an Zeitungen schicken, an Schulen und Kindergärten, öffentliche Einrichtungen … Wir müssen die Menschen erreichen, wenn wir was ändern wollen. Die Politiker reagieren doch nur, wenn sie Druck bekommen.«

»Noch haben wir keine Bilder«, sagte Charlie. »Und wenn wir die Flats nicht bald erreichen, werden wir sie heute auch nicht bekommen.« Er wich einem Schlagloch aus. »Warum hat Lura eigentlich nicht angerufen? Das wäre doch einfacher gewesen. Und vor allem schneller.«

»Aus der Redaktion? Wo jeder mithört? Sie ist eine vorsichtige Frau. Ich nehme an, als Journalistin muss man das sein, besonders wenn man in Kolumnen seine persönliche Meinung vertritt. Außerdem muss sie die Vermittlung anwählen, wenn sie uns erreichen will. Wer weiß schon, wer dort seine Leute sitzen hat.«

»Seit wann haben wir es mit der Mafia zu tun?«

»Mit der Mafia nicht, aber mit Politikern, und die sind manchmal noch schlimmer. Ehrliche Politiker kannst du an einer Hand abzählen.« Sie blickte ihn ungeduldig an. »Kannst du nicht etwas schneller fahren? So kommen wir nie an.«

»Ich fahre schon sechzig. Fünfundfünfzig sind erlaubt.«

»Etwas schneller! Bitte!«

Charlie drückte das Gaspedal weiter durch. Die Tachonadel kletterte auf fünfundsechzig, siebzig Meilen. »Mehr gibt die alte Kiste leider nicht her, Annie.«

Im selben Augenblick erklang Sirenengeheul, und im Rückspiegel tauchten die flackernden Lichter eines Streifenwagens auf. Charlie wechselte einen raschen Blick mit Annie und fuhr an den Straßenrand. »Das haben wir davon«, sagte er.

Er kurbelte das Fenster herunter und kramte seinen Führerschein aus der Jackentasche. Mit beiden Händen auf dem Lenkrad, um zu zeigen, dass er nichts Böses im Schilde führte, wartete er auf das Erscheinen des Deputys.

Der Deputy war ein junger Mann, der sein Abzeichen sicher erst vor wenigen Monaten erhalten hatte und streng nach dem Gesetz vorging. Er stützte sich mit einer Hand auf das offene Fenster, die andere Hand an der Waffe und verlangte: »Ihren Führerschein bitte, Mister! Sie wissen, warum ich Sie angchalten habe?«

»Ich war wohl etwas zu schnell.«

»Achtundsechzig, Mister. Einen Augenblick bitte …«

Er ging zu seinem Wagen zurück und rief die Zentrale. Über Funk würde man ihm mitteilen, ob der Besitzer des Führerscheins wegen anderer Vergehen gesucht wurde und ob der Wagen sein rechtmäßiges Eigentum war. Im Rückspiegel konnte Charlie beobachtcn, wic cr in das Mikrofon seines Funkgeräts sprach.

»Tut mir leid«, entschuldigte sich Annie. »Jetzt dauert es noch länger.«

71

»Ich wünschte, ich hätte bei der Jagd, die ich beobachtet habe, eine Kamera dabeigehabt«, sagte Peggy.
»Obwohl … es wäre nicht einfach gewesen, dort Fotos
zu machen. Der viele Staub, die Hektik … und die
Mustangjäger hätten sicher auch was dagegen gehabt.«

»Es sind nicht nur die Fotos«, erwiderte Annie. »Ich
kämpfe schon seit Jahren gegen die Mustangjäger, und
du siehst ja, was ich bisher erreicht habe. Ein Gesetz,
das die Jagd auf dem Staatsgebiet von Nevada verbietet.
Und wer kontrolliert bitte, wo die Grenzen verlaufen?
Da draußen habe ich noch nie einen Deputy gesehen.
Wir haben noch gar nichts erreicht, Peggy. Es ist ein
langer Weg.«

Der Deputy kehrte zurück und reichte Charlie den
Führerschein und den Strafzettel durchs Fenster. »Und
halten Sie sich in Zukunft etwas zurück, Mister.«

»Mach ich, Deputy.«

Der Polizist verschwand und Charlie fuhr langsam
weiter. Er machte Annie keinen Vorwurf, ärgerte sich
selbst, dass sie die Flats nun noch später erreichen würden. Doch er dachte nicht daran, umzukehren. Auch
jetzt bestand noch eine Chance, die wichtigen Fotos
aufnehmen zu können.

»Letztes Mal waren sie auch spät dran«, sagte Peggy.

»Wir auch«, erwiderte Annie. »Aber in den Canyons war es sowieso zu dunkel für anständige Fotos.
Mit dem Blitz würden wir uns nur verraten. Es sei
denn …«

»… ich halte die Männer mit dem Revolver in Schach und wir verschwinden, sobald du die Fotos im Kasten hast. Ich weiß. Aber daran würde ich nicht mal denken, das ist viel zu gefährlich. Die Mustangjäger dürfen uns nicht sehen.«

»War nur so ein Gedanke«, sagte Annie.

»Wir leben nicht mehr im Wilden Westen.«

»Bist du sicher?«

Die Abzweigung zu den Flats lag hinter einem winzigen Ort, der lediglich aus einer Tankstelle, einem Lokal und einigen Wohnwagen bestand, die auf dem großen Parkplatz hinter der Tankstelle in der sinkenden Sonne leuchteten. Auf einem Billboard am Straßenrand warb eine Ente für Drake's Yankee-Doodle-Kuchen.

Charlie bog auf die Schotterstraße, die abseits des Highways durch die Wüste führte, und beschleunigte wieder. »Hier treiben sich keine Deputys rum«, bemerkte er lächelnd. Er schloss das Fenster, um den Staub abzuhalten, der in den Wagen wehte. Er rieb sich ein Sandkorn aus den Augen. »Es ist nicht mehr weit bis zu den Flats«, sagte er zu Peggy. »Zwei Meilen vielleicht.«

Die Sonne war zur Hälfte hinter den Bergen verschwunden, es war nun schon beinahe zu dunkel, um ohne Blitzlicht zu fotografieren, doch Charlie wollte nicht aufgeben. Auch Annie und Peggy sagten nichts. Der lange Schatten ihres Pick-ups flog neben ihnen über den trockenen Boden und die verkrüppelten Grea-

73

sewood-Sträucher, die zwischen dem Salbei aus dem Boden wuchsen. Der Wind hatte aufgefrischt.

In die düstere Leere, die ihren Pick-up umgab, drang plötzlich das laute Röhren eines Motors. Sie blickten unwillkürlich zum orangefarbenen Himmel empor, suchten nach dem kleinen Flugzeug, das zur Mustangjagd unterwegs war, und erschraken umso mehr, als vor ihnen die grellen Scheinwerfer eines Trucks aus einer Mulde tauchten und ihnen rasch entgegenkamen. Es war der Lastwagen, in dem die Mustangs transportiert wurden.

Charlie lenkte den Wagen so weit nach rechts, dass der Truck an ihnen vorbeikam, und fluchte unterdrückt, als der heftige Sog seinen Pick-up erzittern ließ. Sand und kleine Steine regneten auf sie herab und trommelten auf die Karosserie. »Das waren sie«, rief Charlie enttäuscht in den Motorenlärm. Den Sand und die Steine registrierte er kaum, die konnten ihrem Wagen sowieso nichts anhaben.

»Und jetzt?«, fragte Peggy. »Wollt ihr etwa umkehren? Und wenn sie wieder ein mutterloses Fohlen zurückgelassen haben? Lasst uns lieber mal nachsehen.«

»Wir drehen nicht um«, antwortete Charlie. »Aber ich fürchte, wir können nicht mehr viel tun.« Er wartete, bis sich die Staubwolke, die hinter dem Lastwagen hochgestiegen war, gelegt hatte, und fuhr langsam weiter. »Eine halbe Stunde früher, nur eine halbe Stunde, und wir hätten es vielleicht geschafft. Aber so …«

74

»Dich trifft keine Schuld«, tröstete Annie ihn. »Das nächste Mal sind wir früher dran, und dann machen wir unsere Fotos. Noch mal entkommen sie uns nicht.«

Der Himmel war bereits dunkel, als sie die Flats erreichten. Wie ein ausgetrockneter, mit Sand, Steinen und Gestrüpp aufgefüllter See erstreckte sich die Ebene vor ihnen.

Charlie schaltete den Motor aus und sie kletterten aus dem Wagen. Ungläubig näherten sie sich zwei Mustangs, die schnaubend und mit zuckenden Beinen im Sand lagen. Ihre Augen waren vor Schmerz geweitet und sie bluteten aus mehreren Wunden. »Schusswunden«, wie Charlie leise bemerkte.

»Warum tun diese Männer so etwas?«, fragte Peggy fassungslos. Ihre Augen waren feucht, als sie neben einem der Mustangs niederkniete und mit der flachen Hand über sein zitterndes Fell strich. »Warum lassen sie die Tiere so verenden?«

»Der Truck war voll«, antwortete Annie mit erstickter Stimme, »sie hatten keinen Platz mehr. Und zwei weitere Kugeln waren ihnen für die Mustangs zu schade.«

»Diese Schweine!«, schimpfte Peggy. »Diese verdammten Schweine!«

»Wir kriegen sie«, sagte Annie, »eines Tages kriegen wir sie.«

Charlie holte den Revolver aus dem Handschuhfach und bat Annie und Peggy mit einer Kopfbewegung beiseitezutreten. »Es geht nicht anders«, sagte er.

Peggy klammerte sich an Annie, als sie ein paar Schritte zur Seite gegangen waren. Am liebsten hätte sie sich die Ohren zugehalten, aber auch dann hätte sie das ohrenbetäubende Krachen der beiden Schüsse gehört. »Es ist vorbei«, hörte sie Charlie traurig sagen. »Mehr können wir für die armen Tiere nicht tun.«

Sie starrten auf die toten Mustangs und schlossen für einen Moment die Augen. Das leise Rauschen des Abendwinds war das einzige Geräusch in der andächtigen Stille, die über den Flats und den toten Tieren lag. Über den fernen Bergen verschwand der letzte helle Streifen, und tiefe Dunkelheit legte sich über das Land.

7

Nur weil die Reklametafel neben der Tankstelle hell erleuchtet war und wenigstens drei der fünf Neonbuchstaben über dem Eingang zum Lokal brannten, sah Peggy den Lastwagen. Er stand so dicht am Straßenrand, als hätten es die Mustangjäger darauf angelegt, ihre Widersacher auf sich aufmerksam zu machen.

»Die Mustangs! Da drüben!«, rief Peggy aufgeregt.

Charlie trat auf die Bremse und bog nach links ab. Viel zu schnell und zur Verwunderung des Tankwarts, der auf einem Schaukelstuhl vor der Tankstelle saß, fuhr er auf den Parkplatz. Er bremste nur wenige

76

Schritte neben dem Lastwagen mit den Pferden und öffnete schon die Tür, bevor der Pick-up hielt.

Peggy und Annie folgten ihm zu dem Truck und blieben fassungslos vor der offenen Ladefläche stehen. Die Mustangs standen dicht gedrängt, nur durch die seitlichen Wände und die erhöhte Heckklappe gehalten. Im trüben Licht des Scheinwerfers erkannten sie zwölf Tiere, die aus mehreren Wunden bluteten und vor Schmerz zitterten. Ein hochbeiniger Hengst war zweimal in den Hals geschossen worden und lag mehr tot als lebendig auf dem Boden, behinderte die anderen Pferde, die kaum Platz zum Stehen hatten. Als ihm eine Stute auf die Beine trat, verlor sie den Halt und keilte wild aus, hämmerte in ihrer Panik mit den Hinterhufen gegen die Planken. Ihre Augen blitzten weiß im Halbdunkel.

»Ho, ganz ruhig, meine Liebe!«, beruhigte Annie sie. »Die Männer, die dir das angetan haben, werden dafür bezahlen, das verspreche ich dir! Ganz ruhig!«

Ihre sanfte Stimme zeigte Wirkung und nahm der Stute die Angst. Immer noch zitternd, aber wesentlich ruhiger und gefasster ergab sie sich in ihr Schicksal. Annie berührte ihre zuckende Flanke und streichelte sie, redete ständig auf sie ein. Ihre Tränen glitzerten im gelben Scheinwerferlicht. »Diese Unmenschen«, seufzte sie. »Warum lässt Gott sie gewähren? Warum erlaubt er ihnen, den Tieren solchen Schmerz zuzufügen?«

Charlie hatte den Fotoapparat geholt und schaltete

den Blitz ein. Der grelle Lichtblitz erschreckte die Pferde und ließ die Stute erneut auf den Hengst treten und nach hinten auskeilen. Erst jetzt erkannten sie, dass beide Hinterbeine des angeschossenen Tiers seitlich abstanden. Anscheinend waren sie gebrochen.

»Hör auf, Charlie!«, rief Annie. »Das erschreckt sie nur.«

Peggy spürte, wie ihre Trauer in wilde Wut umschlug. »Diese Bastarde!«, fluchte sie wie ein Maultiertreiber. Sie rieb sich die Tränen aus den Augen und stapfte auf das Lokal zu, in dem sich die Mustangjäger aufhalten mussten. Die leuchtenden Neonbuchstaben spiegelten sich in ihren Augen.

»Peggy! Wo willst du hin?«, erschrak Annie.

»Ich werde diese Verbrecher zur Rede stellen«, antwortete sie. In ihren Worten klang wilde Entschlossenheit mit. »Und wenn es tausend Mal erlaubt ist, so geht man nicht mit Tieren um, so nicht!«

»Du willst doch nicht in die Kneipe?«, versuchte Annie sie zurückhalten. »Weißt du, was da für Leute verkehren? Cowboys und Farmer, denen die Mustangs ein Dorn im Auge sind, weil sie angeblich ihr Gras wegfressen! Du darfst da nicht reingehen!« Doch als sie sah, dass Peggy sich nicht aufhalten ließ, lief sie selbst los, gefolgt von Charlie, der einen Moment daran dachte, den Revolver mitzunehmen, es dann aber doch sein ließ.

Peggy riss die Tür des Lokals auf und fand sich in

78

einer heruntergekommenen Spelunke wieder. Dichter Zigarettenrauch und die wilden Rhythmen von *Heartbreak Hotel* schlugen ihr entgegen. Ein junges Paar lehnte an der Jukebox und wählte weitere Titel aus, beachtete sie gar nicht. An dem langen Tresen, der sich an der Stirnseite des düsteren Raums entlangzog, standen mehrere Männer mit Bierflaschen in der Hand, an einem der wenigen Tische saßen ein Mann und eine ältere Frau mit Lockenwicklern im roten Haar und stritten heftig.

»He, wen haben wir denn da?«, rief einer der Männer am Tresen. Ron Baxter, der Anführer der Mustangjäger. »Wenn das nicht unsere Tierschützerin ist! Was führt dich in diese miese Kneipe, Schätzchen? Hattest du Sehnsucht nach uns?«

»Vielleicht … vielleicht will sie ein Tänzchen mit … mit uns wagen?«, stammelte der Mann neben ihm. Buddy Miller, der Mann mit der Baseballmütze. Er hatte offensichtlich zu viel getrunken. »Na, wie wär's, mein Schatz? Rock 'n' Roll!«

»Halt's Maul, Buddy!«, rief Baxter. »Du kommst doch nicht mal vom Hocker!«

»Und ob ich … ich vom Hocker komm«, brachte der andere stotternd hervor. Er schob sich nach vorn, landete schwankend auf beiden Beinen und hielt mühsam das Gleichgewicht. »Ich bin noch … noch lange nicht … nicht besoffen, verstehst du?«

Doch schon im nächsten Augenblick stolperte er

und ließ die Flasche fallen. Sie polterte auf den Boden. Das restliche Bier spritzte nach allen Seiten und traf einen jungen Cowboy, der fluchend zurücksprang und nur von mehreren Männern davon abgehalten werden konnte, auf den Mustangjäger loszugehen. »Weißt du nicht, wer das ist?«, warnte ihn einer seiner Freunde. »Das ist Buddy Miller!«

»Buddy Miller? Der Mustangjäger?«

»Genau der! Sei vorsichtig, Mann!«

»Na, was ist?«, drängte Buddy Miller, der den Cowboy gar nicht zu bemerken schien. Er ging mit ausgebreiteten Armen auf Peggy zu. »Du hast … hast doch keine Angst vor mir? Komm in … in meine Arme, Schätzchen, und lass uns tanzen!«

Peggy wandte sich angewidert ab. »Widerliche Tierquäler!«, rief sie. Die letzten Akkorde von *Heartbreak Hotel* waren verklungen und ihre Stimme klang überlaut in der plötzlichen Stille. »Nicht genug, dass Sie die Mustangs auf unmenschliche Weise fangen und auf den Lastwagen pferchen. Sie lassen die armen Tiere auch noch auf einem Parkplatz stehen und quälen sie unnötig! Haben Sie denn nicht gesehen, dass eines der Pferde mit gebrochenen Beinen auf dem Boden liegt? Merken Sie nicht, in welche Panik die Stuten geraten? Bringen Sie die Mustangs wenigstens gleich ins Schlachthaus und lassen Sie die Tiere nicht länger leiden!«

»Kein Grund zur Panik, Schätzchen!«, erwiderte Ron Baxter. Er saß lässig auf seinem Barhocker, den Stetson weit in den Nacken geschoben, eine Locke seines fettigen Haares in der Stirn. »Wir genehmigen uns nur einen kleinen Absacker.«

»Schweine! Ihr seid Schweine, das seid ihr!«, rief Peggy wütend. Sie versuchte dem Anführer die Bierflasche aus der Hand zu schlagen, doch er zog sie rechtzeitig zurück und umklammerte mit der freien Hand ihr Handgelenk. »Langsam, Schätzchen! Immer hübsch langsam! Weißt du, was so ein Bier kostet?«

»Lassen Sie sofort das Mädchen los!«, warnte Charlie in der offenen Tür. Hinter ihm stand Annie, die Hände zu Fäusten geballt. In ihrem geblümten Kleid passte sie so gar nicht in das schäbige Lokal. »Oder muss ich den Sheriff rufen?«

»Schon gut, schon gut«, gab Ron Baxter nach. Er ließ Peggy los und wandte sich an Annie und ihren Mann. Sein Lächeln wurde noch breiter. »Hätte ich mir ja denken können, dass Sie nicht weit sind. Wild Horse Annie höchstpersönlich!«

»Peggy hat recht, Sie sind ein Schwein!«, sagte Annie kühl. Sie trat einen Schritt auf die Männer zu, schien nicht einen Funken von Angst zu haben. Peggy stand direkt neben ihr und bewunderte sie für ihren Mut. »Egal welches Gesetz für den Mustangfang gilt, so behandelt man Tiere nicht. Nicht mal die Rinder und Schweine, die sie in die Schlachthöfe bringen, müssen so leiden wie diese Mustangs. Zeigen Sie wenigstens einen Funken Anstand und fahren Sie schnell weiter.«

81

Der Anführer schüttelte den Kopf. »Geht leider nicht, Ma'am. Die Leute beim Schlachthof wollen, dass wir erst um zehn kommen. Vorher haben sie keine Zeit.«

»Sie sind ein Unmensch, Mister Baxter!«

»Und Sie machen sich zu viele Sorgen, Wild Horse Annie. Warum lassen Sie der Natur nicht ihren Lauf? Vor ein paar Millionen Jahren mussten die Dinosaurier dran glauben und jetzt sind eben die Mustangs dran. Ist doch vollkommen egal, wie sie sterben, ob langsam und qualvoll oder sauber und schnell. Sterben tun sie auf jeden Fall, und vergessen Sie nicht, dass sie selbst im Tod noch einen guten Zweck erfüllen.«

In der Jukebox klappte eine neue Platte auf den Teller, und die ersten Akkorde von *Jailhouse Rock* hämmerten aus dem Lautsprecher. Wieder Elvis Presley.

Der Song erweckte Buddy Miller zum Leben, ließ ihn nach vorn taumeln und erneut die Arme ausbreiten. »So ... jetzt aber ... das ist unser Tanz, mein Schatz!«

Peggy wich ängstlich zurück und fühlte sich plötzlich von zwei starken Armen umfasst. Sie drehte sich erschrocken um und blickte in das Gesicht von Marty Rockwell, dem Sohn des mächtigen Ranchers. Er schob sie aus der Gefahrenzone und baute sich vor Buddy Miller auf. »Jetzt reicht's, Buddy! Lass sie in Ruhe oder du bekommst es mit mir zu tun! Sie hat dir doch nichts getan. Wenn mein Vater erfährt, dass du eine Frau belästigst, zahlt er dir keinen müden Cent mehr.«

82

»Ach nee!«, erwiderte Buddy Miller feixend. »Du willst dir die … die Kleine wohl selbst unter den Nagel reißen! Kommt gar nicht infrage, ich … ich war zuerst an ihr dran und außerdem … außerdem bin ich älter als du, also … also geh mir aus dem Weg! Du … Du siehst doch, dass die Kleine scharf … scharf auf mich ist.«

Charlie trat ein paar Schritte nach vorn und baute sich neben Marty Rockwell auf. »Der Junge hat recht«, sagte er. »Er scheint der einzig Vernünftige in eurem Haufen zu sein. Lass das Mädchen in Ruhe und schlaf deinen Rausch aus, oder …«

»Oder was?«, fiel ihm der Mustangjäger ins Wort. »Meinst du, ich lasse mir von einem dreckigen Indianer was sagen? Von einem Indianer und seiner …«

»Buddy!«, bremste ihn der Junge gerade noch rechtzeitig.

Ron Baxter mischte sich wieder ein: »Buddy, hör auf. Wir dürfen uns von diesen Aktivisten nicht provozieren lassen. Wir handeln streng nach dem Gesetz.«

»Und was ist mit den Mustangs da draußen? Müssen die so leiden?«

»›Tot oder lebendig‹ steht in unseren Auftragsbüchern, Miss. Tot oder lebendig sollen wir die Mustangs im Schlachthof abliefern, und das nicht vor zehn Uhr heute Abend. Wenn Sie wollen, zeige ich Ihnen den Auftrag, alles ganz offiziell.«

»Nicht nötig«, erwiderte Peggy kühl. Sie floh vor dem

83

Lärm und dem Zigarettenrauch ins Freie und blieb vor dem Lokal stehen, wartete auf Annie und Charlie, die mit den letzten Akkorden des *Jailhouse Rock* nach draußen kamen. Ohne die beiden anzublicken, atmete sie die frische Abendluft ein. Es dauerte eine ganze Weile, bis ihre Wut einigermaßen abgeklungen war und sie wieder klar denken konnte. »Wenn ich ein Mann wäre, hätte ich den Kerl windelweich geschlagen!«

»Ich war kurz davor, das kannst du mir glauben«, stimmte ihr Charlie zu. »Wir haben es Annies strengem Blick zu verdanken, dass es nicht zu einer Schlägerei gekommen ist.« Er legte einen Arm um die Schultern seiner Frau und konnte schon wieder lächeln. »Doch eine Schlägerei hätte wenig gebracht. Selbst wenn ich den Kerl krankenhausreif geschlagen hätte … dann wäre ich im Gefängnis gelandet und ein anderer Mustangjäger hätte Buddy Miller ersetzt.«

»Wenn wir Erfolg mit unseren Protesten haben wollen, dürfen wir auf keinen Fall das Gesetz brechen«, sagte Annie, »damit würden wir uns selbst schuldig machen. Und das würde bedeuten, dass es nie neue Bestimmungen geben würde.«

»Manchmal zweifele ich daran, dass wir es schaffen«, sagte Charlie.

»Wir schaffen es«, war Annie sicher. »Ganz bestimmt!«

Charlie lenkte den Pick-up auf den Highway zurück und fuhr zügig zur Ranch zurück. Hopalong erwachte und kroch unter der Veranda hervor, als sie den Wagen neben Peggys Trailer parkten. Zum Bellen war er zu müde. Er lief schwanzwedelnd auf sie zu, ließ sich von jedem hinter den Ohren kraulen und kroch an seinen Lieblingsplatz zurück. Als Wachhund taugte er nicht besonders viel.

»Tut mir leid, wenn ich da draußen ein wenig die Nerven verloren habe«, sagte Peggy, als sie aufs Haus zugingen. »Ich konnte einfach nicht anders. Der Anblick der Pferde auf dem Lastwagen und diese betrunkenen Kerle … das war einfach zu viel für mich. Ich weiß nicht, wie du es schaffst, so ruhig zu bleiben, Annie.«

»Tief drinnen sieht es anders aus, das kannst du mir glauben«, erwiderte sie, »und ich werde niemals hinnehmen können, wie grausam diese Männer die Mustangs behandeln. Aber ich habe gelernt, einen klaren Kopf zu bewahren. Einen wachen Verstand, den erwarten die wenigsten Männer von einer Frau. Außer mein Charlie natürlich.« Sie lächelte schwach. »Wenn sie ›Wild Horse Annie‹ hören, denken sie an ein romantisches Cowgirl, wie die Mädels in den Westernfilmen, die wie Cowboys angezogen sind und lächelnd an ihren Stetson greifen, wenn sie einem Bekannten begegnen. Die eine kleine Ziege mit der Flasche großziehen wie das Mädchen in diesem John-Wayne-Film. Wenn ich meinen Widersachern so gegenübertreten würde, hätte ich keine Chance gegen sie. Man würde sich über mich lustig machen und mich veralbern. Deshalb trete ich wie eine Lady auf, im Kleid und in hohen Schuhen und, wenn's sein muss, auch in weißen Handschuhen. Aber ich halte schon wieder Vorträge. Gute Nacht, Peggy. Du warst wunderbar.«

»Gute Nacht, Annie. Charlie, ich seh noch mal nach den Pferden, okay?«

Peggy winkte den beiden zu und ging am Haupthaus vorbei zur Koppel. Sie begrüßte Blue Skies und White Lightning und betrat den Stall. »Hey, Dusty!«, rief sie ihrem Wallach zu. »Tut mir leid, aber ich war noch mit Annie und Charlie unterwegs. Eine wichtige Sache, viel zu traurig, um sie dir zu erzählen.« Sie betrat die Box und umarmte ihn, schlang die Arme um seinen Hals und legte ihre Wange an seine dichte Mähne. »Du willst doch sicher an die frische Luft, oder?«

Ein kräftiges Schnauben zeigte ihr, dass sie mit ihrer Vermutung richtiglag. Sie führte den Wallach aus dem Stall und entließ ihn auf die Weide. »Und dass mir keine Klagen kommen, verstanden? Ich sehe morgen früh wieder nach dir, okay? Wird Zeit, dass wir mal wieder allein ausreiten. Gute Nacht, mein Lieber!«

Nachdem sie die Stalltür verriegelt und das Gatter geschlossen hatte, kehrte sie in ihr Blockhaus zurück. Erst als sie im Bett lag und zur dunklen Decke emporblickte, wurde ihr bewusst, dass sie seit Mittag nichts mehr gegessen hatte.

8

Früh am nächsten Morgen machte Peggy sich auf den Weg. Charlie war bereits mit Annie in die Stadt unterwegs und hatte Tante Martha und Donna mitgenommen. »Wir kaufen für das Wochenende ein«, hatte sich das Mädchen gefreut. Vier Kinder würden auf die Dude Ranch kommen.

Nach der Aufregung der letzten Tage genoss Peggy die plötzliche Ruhe. Seit der Scheidung ihrer Eltern war sie abwechselnd bei ihrer Mutter und auf der Ranch ihrer Freundin aufgewachsen und das Leben in einer Familie nicht mehr gewohnt. Die einsamen Ausritte mit Dusty waren für sie genauso wichtig wie die turbulenten Rodeos, bei denen sie mit zahlreichen Freunden und Bekannten zusammen war.

Sie folgte dem Indianerpfad, den sie mit Donna geritten war, kam jenseits des Wasserfalls durch ein Gewirr von Schluchten und Tälern und erreichte einen zerklüfteten Canyon, dessen Ränder mit tiefgrünen Ponderosa-Fichten bewachsen waren. Die Sonne hatte sich hinter einigen Wolken verkrochen, und in der Schlucht herrschte eine düstere, beinahe unheimliche Stimmung. Zwischen den Felswänden waren nur das Rauschen des Windes und das Gurgeln des Flusses zu hören.

Der Wallach schnaubte unruhig und legte die Ohren an, als würde er Gefahr wittern. Peggy griff ihm in die Zügel und lauschte angestrengt. Auch sie verspürte eine merkwürdige innere Unruhe. So wie vor einigen Wochen in Rapid City, South Dakota, als sie während eines Ausrittes in die Black Hills gezögert hatte, ohne den Grund dafür zu kennen. Aus dem Dickicht waren zwei junge Indianer getreten und hatten sie gebeten, den heiligen Berg ihres Volkes zu verlassen. Später hatte sie erfahren, dass der kuppelförmige Berg, vor dem Dusty gescheut hatte, Bear Mountain hieß und ein heiliger Berg der Lakota- und Cheyenne-Indianer war. Dorthin waren sie schon zu Sitting Bulls und Crazy Horse' Zeiten zum Beten und Fasten gegangen.

»Was hast du denn, Dusty?«, fragte sie nervös. »Ein Berglöwe?«

Das Pferd schüttelte den Kopf und schnaubte laut, doch diesmal klang es erfreut, beinahe begeistert. Während der langen Zeit, die Peggy mit ihm zusammen war, hatte sie gelernt, jede seiner Äußerungen zu deuten. Die Art, wie er schnaubte, die Ohren aufstellte oder den Kopf bewegte, hatte immer eine bestimmte Bedeutung.

»Mustangs!«, rief sie, noch bevor der Hufschlag erklang.

Im nächsten Augenblick hallte der Canyon vom Trommeln unzähliger Hufe wider. Aus einer dichten Staubwolke, die am Ende der Schlucht aufwallte, galoppierten ungefähr zwanzig Mustangs, angeführt von einer rassigen Stute, deren Fell selbst im fahlen Licht dieses Morgens verführerisch glänzte. Am Schluss der Herde lief der Hengst, ein schneeweißer Prachtkerl mit ausgeprägten Muskeln und dem protzigen Gehabe eines Anführers, der stolz auf seinen großen Harem war. Er beschützte die Stuten vor möglichen Feinden, deshalb lief er am Ende.

Sein warnendes Schnauben zeigte an, dass er Peggy und Dusty gewittert hatte. Er zögerte kaum merklich, schien zu merken, dass ihm von dem Zweibeiner und dem gezähmten Artgenossen keine Gefahr drohte, und gab den Stuten durch ein kräftiges Schnauben zu verstehen, etwas schneller zu laufen. Mit donnernden Hufen sprengten sie durch den Canyon, jedes der Tiere ein Symbol für Kraft, Ausdauer und pure Energie, stolze und ungebundene Wesen, die keinen Sattel und kein Zaumzeug kannten und niemals eine Peitsche gespürt hatten. Jeder Muskel zeichnete sich deutlich unter dem glänzenden Fell ab, es gab keine Anzeichen für Müßiggang und nur wenige solcher Narben, wie die des Hengstes, die er sich bei einem Kampf zugezogen haben musste.

Peggy beobachtete die Herde mit großen Augen und klopfendem Herzen. Was für ein Anblick! Wie ein Bild aus längst vergangener Zeit, als Amerika kaum besiedelt gewesen war, und Lakota, Cheyenne und Komantschen die Mustangs der Spanier stahlen und riesige Herden über die Ebenen trieben. Zitternd vor

Begeisterung und mit Tränen in den Augen genoss sie den Anblick. Wenn man sie jemals bitten würde, Ungebundenheit und Freiheit zu beschreiben, würde sie versuchen diesen Augenblick zu schildern. Diese wilden Mustangs waren frei, wirklich frei, und erfreuten sich an dem zwanglosen Leben, das der Schöpfer für sie vorgesehen hatte.

Sie blickte den Tieren nach, die seltsamerweise auf das kleine Wäldchen zuhielten, das sich am jenseitigen Ufer des Flusses vor der Felswand erhob. Ihre Begeisterung wich ernsthafter Besorgnis. Was hatten die Mustangs vor? Warum liefen sie nicht zum Ende des Canyons? Gab es noch einen anderen Ausgang aus dieser Schlucht, den sie nicht sah?

Verwundert beobachtete sie, wie die Tiere in das Wäldchen galoppierten. Ohne zu zögern, als würde es die steile Felswand dahinter gar nicht geben. Nicht mal ein nervöses Schnauben war zu hören. Die Herde verschwand wie durch Zauberei aus dem Canyon, lediglich der Hengst blickte sich noch einmal um, bevor er seinen Stuten folgte, als wollte er sichergehen, dass ihnen niemand nachkam. Dann verschwand auch er, der Hufschlag wurde dumpfer und leiser und verebbte schließlich ganz. Nur die Staubwolke in der Schlucht erinnerte an die Tiere.

Ohne weiter zu überlegen, lenkte Peggy ihren Wallach durch den Fluss. Das kühle Wasser spritzte bis zu ihr herauf. Sie beugte sich nach vorn und half Dusty

90

die Uferböschung zu erklimmen, trieb ihn mit einem lauten Schnalzen in die Staubwolke, die immer noch durch den Canyon zog. Etwas unsicher, auf welches Wagnis sie sich wohl einließ, folgte sie den Spuren der Mustangs.

Peggy ließ ihren Wallach langsamer gehen und ritt in das Halbdunkel. Mit eingezogenem Kopf, um nicht von tief hängenden Zweigen aus dem Sattel geworfen zu werden, lenkte sie Dusty ins Ungewisse. In der bedrückenden Stille, die sich nach dem Verschwinden der Mustangs über den Canyon gelegt hatte, klang der Hufschlag ihres Wallachs seltsam laut. Wo waren die Mustangs?

Sie brauchte nicht lange zu suchen. Schon nach wenigen Schritten tat sich vor ihr die dunkle Öffnung eines Tunnels auf, den Wind und Wetter im Laufe vieler Millionen Jahre in die Felswand gegraben hatten. Weit am anderen Ende war der helle Fleck des Ausgangs zu erkennen. Vielleicht das felsige Bett eines prähistorischen Flusses, der schon vor der Ankunft der ersten Indianer durch diese steinerne Röhre geflossen war. Oder das Ergebnis eines Erdbebens, das die Gegend vor langer Zeit erschüttert hatte. Auf jeden Fall aber breit und hoch genug, um eine Herde wilder Mustangs durchzulassen.

Dusty scheute etwas und schnaubte nervös, bewegte sich erst, als Peggy ihn mit den Schenkeln antrieb. »Keine Angst, Dusty!«, rief sie ihm zu. »Der Tunnel ist sicher, sonst wären die Mustangs nicht durchgelaufen.« Sie lenkte den Wallach in den Tunnel hinein und blickte staunend auf die Figuren und Symbole, die Menschen vor über tausend Jahren in den grauen Stein gemeißelt haben mussten, so wie in den Nationalparks in Arizona und New Mexico. Mutige Jäger, die noch keine Reittiere besessen hatten und mit Speeren und Steinen auf riesige Tiere losgegangen waren. Auch damals hatte es schon Pferde gegeben, sehr kleine, stämmige Tiere, entfernt mit den Mustangs verwandt, aber vollkommen umgeeignet zum Reiten.

Kaum hatte Peggy ihren Wallach in den Tunnel gelenkt, waren sie von tiefer Dunkelheit umgeben. Die helle Öffnung am anderen Ende war ihr einziger Anhaltspunkt. Es roch nach frischem Pferdedung und den Überresten einiger kleiner Tiere, die in dem Tunnel verendet oder unter den Hufen der Mustangs zu Tode gekommen waren. »Keine Bange, Dusty!«, sagte Peggy. »Gleich haben wir es geschafft!« Ihre Stimme hallte unheimlich von den gewölbten Felswänden zurück.

Der Tunnel war kürzer, als es den Anschein gehabt hatte. Schon nach wenigen Minuten erreichte Peggy den Ausgang und griff ihrem Pferd erstaunt in die Zügel.

»Wow!«, rief sie nur.

Vor ihr lag ein Tal, so eindrucksvoll und schön, wie man sich das Paradies vorstellte. Kniehohes Gras, saftig und grün, das im frischen Wind wogte und die sanften

Hügel wie die erstarrten Wellen eines wogenden Ozeans aussehen ließ. Ein silbern glitzernder Bach, der sich in zahlreichen Windungen durch das Tal schlängelte und zwischen den Felsen verschwand. Eingerahmt von glatten Felswänden, die steil emporragten und einen riesigen Kessel formten. Zu den Felsen stieg der Boden an und verlor sich in Geröll und Kies. Farbenprächtige Blumen bildeten bunte Flecken in dem grünen Grasteppich und verbreiteten einen betörenden Duft. Einen anderen Ausgang als den Tunnel schien es nicht zu geben.

Die Mustangs ließen sich durch ihre Anwesenheit nicht stören, weideten in kleinen Gruppen auf der anderen Seite des Tals, wo es mehr Sonne gab. Nur der weiße Hengst hob einmal den Kopf und bewegte die Nüstern, senkte aber gleich wieder den Kopf und zupfte an den feuchten Grashalmen. Eine Stute wieherte leise, stupste ihr zögerndes Fohlen an.

»Peggy Corbett!«, hörte sie eine Stimme sagen.

Sie fuhr erschrocken herum und sah einen Mann im Schatten der Felswand stehen, einen Indianer, wie an seiner Hautfarbe und seinen kurz geschnittenen, rabenschwarzen Haaren unschwer zu erkennen war. Er war ungefähr sechzig und musterte sie aus dunklen Augen. Gekleidet war er wie ein Cowboy: Jeans, Hemd und Reitstiefel. Nur die seltsame Schirmmütze, eine blau-weiß gestreifte, wie sie Eisenbahner trugen, fiel ins Auge.

»Wer sind Sie? Woher kennen Sie meinen Namen?«, fragte Peggy erstaunt.

Der Indianer kam lächelnd näher. »Ich bin Jeremiah Red Legs aus dem Reservat der Paiutes. Jeremiah haben mich die Missionare getauft, bei denen ich aufgewachsen bin. Und Ihren Namen kenne ich vom Rodeo. Ich war in Reno, als Sie beinahe gegen diese Texanerin gewonnen hätten. Wie heißt die Angeberin noch?«

»Dixie Malone.«

»Dixie Malone, genau. Der Name passt zu ihr, nicht wahr?« Er blieb in respektvollem Abstand vor ihr stehen. »Ich hätte Ihnen den Sieg gegönnt, Peggy. Sie sind eine gute Reiterin, aber Sie haben das langsamere Pferd. Wenn Sie wie eine Indianerin reiten würden, hätten Sie mehr Chancen.«

»Und wie reitet eine Indianerin?«

»Sie überlässt es ihrem Pferd, den richtigen Weg zu finden. Sehen Sie sich diese Mustangs an, wie geschmeidig und beweglich sie sind, ihnen könnte bei einem Rodeo keiner das Wasser reichen. Sie würden wie ein Sturmwind um die Tonnen galoppieren. Eine Indianerin weiß das. Sie verschmilzt mit ihrem Pferd, verwächst mit ihm zu einem Wesen. Sie bräuchte weder Zaumzeug noch Zügel, um beim Barrel Racing als Erste durchs Ziel zu gehen.« Sein Lächeln verstärkte sich. »Natürlich nicht jede Indianerin. Auch bei uns gibt es schlechte Reiterinnen.« Er beobachtete den Hengst, wie er wachsam den Kopf hob und nach möglichen Feinden Ausschau hielt, auch hier in dieser abgeschlossenen Schlucht. »Sie arbeiten für Wild Horse Annie, nicht wahr? Sie kämpfen mit ihr gegen die Mustangjäger?«

»Woher wissen Sie das alles, Mister Red Legs?«

»Jeremiah … oder meinetwegen auch Jerry.«

»Kennen Sie Annie?«

»Ja und ich respektiere sie«, antwortete der Indianer. Er hatte eine angenehme Stimme, die nur etwas heiser klang. »Alle Indianer respektieren sie. Und wenn es die Not erfordert, werden wir an ihrer Seite kämpfen. Auch wir verabscheuen die Mustangjäger und ihre Methoden. Kein Indianer käme auf die Idee, Mustangs mit Flugzeugen oder Pick-up-Trucks zu jagen, und schon gar nicht würde er sich dazu hergeben, auf sie zu schießen oder Autoreifen an sein Lasso zu binden, damit sie schneller ermüden. Wir sind nur ein Teil der Natur. Wer ohne Grund einen Baum fällt, macht sich schuldig. Wer einen Elch wegen seines Geweihs tötet, macht sich schuldig. Und wer einen Mustang leiden lässt, macht sich ebenso schuldig.« Er merkte, dass er viel geredet hatte, und entschuldigte sich mit einem Lächeln. »Sorry, das Predigen habe ich wohl von den Missionaren gelernt.«

»Aber Sie haben recht, Jerry. Woher kennen Sie dieses Tal?«

»Ich habe es auf die gleiche Weise gefunden wie Sie«, antwortete er, »ich bin den Mustangs gefolgt. Ich kenne dieses Tal schon seit einigen Jahren und komme alle paar Tage hierher, seitdem ich nicht mehr bei der Eisenbahn arbeite.«

»Sie waren bei der Eisenbahn?«

»Seltsam, nicht wahr? Bei der Union Pacific, ausgerechnet bei der Linie, die durch unsere Jagdgründe führt. Aber die Zeiten ändern sich, und sie hat mir das Geld gegeben, das ich für meine Familie und meine Freunde brauchte. Wir sind eine große Familie. Vor einigen Jahren kehrte ich ins Reservat zurück. Ich möchte dort sterben, wo meine Vorfahren gelebt haben.« Sein Blick folgte dem weißen Hengst, der an der Herde vorbeitrabte und nachzuprüfen schien, ob seine Stuten noch vollzählig waren. »In diesem Tal kann ich in die Vergangenheit blicken. Ich sehe die Mustangs unseres Volkes, die riesigen Herden unserer Vorfahren. Wussten Sie, dass der Reichtum eines Kriegers an der Anzahl seiner Pferde gemessen wurde? Ich sehe die weiten Ebenen, ein Land ohne Schienen und Straßen. Und wenn ich die Augen schließe, kann ich sogar die riesigen Bisonherden sehen. Bevor die Weißen kamen, gab es über sechzig Millionen Büffel ... das ist kaum zu glauben.«

»Ich hab schon mal Büffel gesehen ... in einem Nationalpark.«

»Es gibt nicht mehr viele, vielleicht ein paar hundert, nicht mehr. Nicht die Indianer haben sie abgeschossen, meine Vorfahren töteten nur so viele Tiere, wie sie zum Leben brauchten. Es waren weiße Jäger, die auf Trophäenjagd waren und die Tiere zum Vergnügen umbrachten. Die glorreiche Union Pacific, für die ich den größten Teil meines Lebens arbeiten durfte, karrte ganze Wagenladungen von Möchtegern-Jägern in den Westen und hielt mitten in einer Herde. Die Männer brauchten sich nur aus den Fenstern zu lehnen und die Tiere abzuknallen.«

»Davon habe ich gehört«, sagte Peggy. »Auch deshalb habe ich mich Wild Horse Annie angeschlossen. Die Geschichte darf sich nicht wiederholen. Sie müssen uns helfen, Jerry! Wir brauchen jede Unterstützung, die wir kriegen können. Helfen Sie uns, ein neues Gesetz durchzubringen.«

»Was könnte ein Indianer schon tun, wenn es darum geht, Briefe an die Regierung zu schreiben oder Schulkinder zu mobilisieren? Die meisten Weißen blicken auf uns herab. Man würde uns beschimpfen oder auslachen! Aber wir bleiben in eurer Nähe, das verspreche ich. Und wenn es hart auf hart kommt, verbünden wir uns sogar mit den Sioux. Sie sind schon unterwegs. Was wir tun können, um dem grausamen Treiben dieser Mustangjäger Einhalt zu gebieten, werden wir tun. Und wenn wir nur dafür sorgen, dass sie die Mustangherde in diesem versteckten Tal niemals finden.«

Peggy blieb noch eine ganze Weile bei den Mustangs, teilte das kühle Wasser aus ihrer Feldflasche mit Jeremiah Red Legs und lauschte den Geschichten, die er über die Vergangenheit seines Volkes zu erzählen wusste. Gegen Mittag verabschiedete sie sich. »Auch ich werde alles dafür tun, dass niemand dieses Tal entdeckt. Die Mustangjäger dürfen es niemals finden … niemals!«

Sie ritt durch den Tunnel in den Canyon zurück und wartete am Rand des Wäldchens, bis sie sicher sein konnte, dass sich niemand in der Schlucht aufhielt und sie beobachtete. Erst dann ritt sie ins Freie. Den Kopf voller Gedanken trieb sie den Mustang durch den Fluss und aus dem Canyon. Nicht einmal Dusty spürte die Gegenwart des jungen Mannes mit der Gitarre auf dem Rücken, der sein Pferd weit über ihr am Canyonrand zügelte und nachdenklich auf sie hinabblickte.

9

»Spielen wir heute zusammen?«, fragte Donna beim Frühstück. »Wir wollten doch um die Wette reiten. Wie die Cowboys, die ich mal im Kino gesehen habe. Die waren schneller als die durchgehenden Rinder!«

»Tut mir leid«, erwiderte Peggy schuldbewusst, »aber heute geht es leider nicht. Morgen, okay?«

»Morgen? Warum nicht heute?«

»Weil ich Annie in die Stadt bringen muss«, sagte Peggy. »Charlie hat keine Zeit, er will endlich die Scheune reparieren. Du hast doch selbst gemerkt, dass ein Loch im Dach ist. Oder bist du neulich, als du dich vor dem Regen untergestellt hast, etwa nicht nass geworden? So was soll doch nicht wieder passieren, oder?«

»Nein, aber ich brauchte mir gar nicht mehr die Haare zu waschen!«

»Trotzdem muss es repariert werden.« Peggy lächelte ihr freundschaftlich zu. »Und weißt du was? Dieses Wochenende haben wir noch mehr Kinder hier. Vier Kinder, stimmt's, Annie?«

Annie nickte aufmunternd: »Mit so vielen Kindern macht das Spielen noch viel mehr Spaß. Wollen doch mal sehen, wie schnell die reiten können. Nur heute, da musst du noch ein wenig mit Tante Martha spielen. Die kann zwar nicht reiten, aber … hey, wir wär's, wenn du dich ein bisschen um unser Fohlen kümmerst?«

»Wow! Darf ich ihm auch zu fressen geben?«

Peggy legte eine Hand auf ihren Unterarm. »Du darfst ihm etwas Heu geben, ihm und den anderen Pferden. Tante Martha hilft dir dabei, okay? Aber stör White Lightning nicht, wenn sie bei ihrer Mutter trinkt. Babys sind empfindlich.«

»White Lightning ist doch kein Baby!«

»Weil sie schon allein stehen und sogar galoppieren kann? Das können Pferdebabys gleich nach der Geburt. Sie sind schlauer als Menschenbabys. Dafür leben sie nicht so lange wie wir. Weißt du denn, wie alt Pferde werden können?«

»So alt wie meine Tante?«

»Ungefähr dreißig Jahre«, verriet Peggy.

»So, und jetzt müssen wir dringend los«, sagte Annie. Wie jeden Morgen hatte sie nur Toast und Marmelade gegessen. »Sonst sind wir nicht rechtzeitig zum Abendessen zurück, und du musst allein mit Charlie und Tante Martha essen.«

»Dann beeilt euch!«, spornte Donna sie an.

Wenige Minuten später steuerte Peggy den Pick-up vom Hof. Wegen ihrer Behinderung setzte sich Annie nur ans Steuer, wenn es gar nicht anders ging. Am Horizont waren dunkle Wolken aufgezogen und unerträgliche Schwüle lastete auf dem Land. Der Salbei duftete noch intensiver als sonst. Einige Antilopen flüchteten vor der Staubwolke, die ihr Pick-up wie einen Schleier hinter sich herzog.

»Sieht ganz so aus, als würden wir heute noch ein Gewitter bekommen«, sagte Annie. In ihrem dunkelgrünen Kostüm und den weißen Handschuhen hätte sie auch zu einem Geschäftstermin oder einer Gerichtsverhandlung unterwegs sein können. Dazu trug sie schwarze Schuhe mit hohen Absätzen und einen Hut mit kecker Feder.

Am Highway bog Peggy nach rechts ab. Auf der asphaltierten Straße fuhr es sich wesentlich leichter, und sie konnte es sich erlauben, eine Hand auf die Tasche auf der Bank zwischen ihnen zu legen. Sie war bis zum Rand mit Briefen gefüllt, alle an Highschools gerichtet und alle mit demselben Text. Peggy kannte ihn auswendig:

»Wo immer ihr lebt, in den großen Städten des Ostens, auf einer Farm im Mittleren Westen oder auf den weiten Ebenen des Westens – ich weiß, wie sehr euch die Natur und die Tiere am Herzen liegen. Denn wie ihr mit der Natur umgeht, entscheidet über eure Zukunft und die eurer Kinder.

Ich dachte immer, das Futter, das wir an unsere Hunde und Katzen verfüttern, stammt von altersschwachen oder verwundeten Pferden, die man erschießen musste. Doch die bittere Wahrheit ist, dass es von wilden Pferden stammt. Die Mustangs werden von kleinen Flugzeugen gejagt. Die Jäger folgen ihnen auf Pick-up-Trucks und schießen auf sie, damit sie noch schneller laufen und noch schneller müde werden. Aus demselben Grund hängen Autoreifen an den Lassos, mit denen sie die Tiere einfangen. Sie zerren die Mustangs auf Lastwagen und bringen sie zum nächsten Schlachthaus. Dürfen wir so mit lebenden Kreaturen umgehen? Ich bitte euch: Schreibt an euren Kongressabgeordneten! Sagt ihm, dass er sich für ein neues Gesetz zum Schutz der Mustangs einsetzen soll! Gleich heute, nach den Hausaufgaben.«

»Zuerst zur Post?«, fragte Peggy, als sie Reno erreichten.

Annie nickte. »Ich befürchte, das Porto wird mich den Rest meines Gehalts kosten, aber es geht leider nicht anders. Die Kinder sind unsere letzte Chance. Sie bewegen vielleicht etwas. Politiker und Geschäftsleute sind doch viel zu träge.«

Die Post lag im Zentrum der Stadt. Peggy parkte direkt davor, half Annie aus dem Pick-up und trug die Tasche mit den Briefen. Auf der Treppe, die Annie nur unter Schmerzen hinaufsteigen konnte, wie Peggy inzwischen wusste, drehten sich einige Leute nach ihnen um. Seit das *Journal* und eine weitere Zeitschrift über Wild Horse Annie berichtet hatten, war sie eine Berühmtheit.

Auch der Mann hinter dem Schalter erkannte sie. »Guten Morgen, Mrs Johnston«, sagte er. Wie ich sehe, haben Sie wieder eine Menge Arbeit für mich. Aber ich hab auch was für Sie!« Er verschwand hinter einem Regal und kehrte mit einem Waschkorb voller Briefe zurück. »So viel Post kriegt nicht mal die Monroe!«

Im Wagen sahen sie sich einige der Briefe an.

»Liebe Annie«, las Annie vor, »wir gehen auf die Junior Highschool in Phoenix, Arizona. Wir haben Tiere sehr gern. Jenny wohnt auf einer Ranch vor der Stadt und reitet fast jeden Tag. Sie hat sogar ein eigenes Pferd. Es heißt Cherry Blossom und stammt von Mustangs ab. Wenn die Mustangjäger ihren Cherry Blossom abholen und ins Schlachthaus bringen würden, wären wir alle furchtbar traurig, und Jennys Vater würde die Männer bestimmt erschießen. Er will auch, dass die Mustangs am Leben bleiben. Liebe Wild Horse Annie, wir haben heute noch an unseren Congressman geschrieben und ihn gebeten, ein neues Gesetz zu verabschieden. Auch Jennys Vater und andere Erwachsene haben

102

unterschrieben. Ich hoffe, wir haben Erfolg. Liebe Grüße aus Arizona senden dir Helen, Judy, Jenny, Katy und die Erwachsenen.«

Peggy öffnete den Brief eines kleinen Jungen, der nur aus ein paar Zeilen bestand und mit Buntstiften geschrieben worden war: »Liebe Annie, mein Bruder und ich haben ein Plakat gemalt, darauf steht: ›Helft Wild Horse Annie! Rettet die Mustangs!‹ Damit haben wir uns vor die Schule gestellt und die Lehrer hatten nicht mal was dagegen.«

In einem großen Umschlag, den Annie aufriss, lagen mindestens hundert Briefmarken und ein kurzer Brief: »Liebe Wild Horse Annie, wir gehören zum Football-Team der Highschool in Grand Forks, North Dakota. Für das Geld in unserer Mannschaftskasse, mit dem wir sonst immer eine Party feiern, haben wir Briefmarken gekauft. Wenn Sie so viele Briefe verschicken, haben Sie doch sicher hohe Kosten. Die nächste Party feiern wir, wenn das Gesetz durch ist.«

Annie ließ die Briefmarken durch ihre Hände gleiten und war sichtlich gerührt: »Ist das nicht wunderbar? So viele Menschen unterstützen uns, das kann die Politiker doch nicht kaltlassen.« Sie legte den Umschlag mit den Marken zurück und blickte auf ihre Armbanduhr. »Kurz nach neun. Mister Harris wartet sicher schon auf uns. Ich hab ihm versprochen, dass wir auf einen Kaffee vorbeikommen. Über die Kreuzung und dann die erste Straße links.«

Das Büro der Versicherungsagentur lag im dritten Stock eines schmucklosen Geschäftshauses. »Hey, Jolene!«, rief Annie der hübschen Dame an der Rezeption zu, »das ist Peggy, meine neue Freundin. Sie ist eine bekannte Rodeo-Reiterin.«

»Ich weiß, ich hab sie gesehen. Sie waren wunderbar, Peggy!«

Ähnlich begeistert äußerte sich Gordon Harris. Er war um die vierzig und sah in seinem dunklen Anzug und der gestreiften Krawatte noch gediegener aus, als Peggy ihn sich vorgestellt hatte. Sein dunkles Haar war wie mit dem Lineal gescheitelt und mit Frisiercreme geglättet. »Gut, dass ihr hier seid«, kam er gleich zur Sache, »ich hab einen Mann vom Fish & Wildlife in meinem Büro. Ich dachte mir, es könnte nicht schaden, wenn ihr ein paar Takte mit ihm redet. Vielleicht kann er sich der Mustangs annehmen. Wenn ich mich recht erinnere, wurde Fish & Wildlife gegründet, um unsere Natur und ihre wilden Bewohner zu beschützen … oder so ähnlich. Kaffee?«

»Gern«, sagten beide und folgten ihm ins Büro, ein riesiges Zimmer mit einem Schreibtisch, Regalen voller Ordner und einer Sitzgruppe mit ovalem Glastisch und schwarzen Ledersesseln. Der Schreibtisch im Vorzimmer war leer. »Hier sitze ich«, sagte Annie. An der Wand hingen mehrere Fotos von Mustangs und Hobo, ihrem eigenen Pferd. Charlies Foto stand in einem Rahmen neben der Schreibmaschine. »Heute hat Gordon mir freigegeben. Er ist sehr großzügig, wenn es darum geht, unseren Kampf für ein neues Gesetz zu unterstützen.«

»Ich besitze selbst ein Pferd«, sagte er, als wäre das Erklärung genug.

Der Mann vom Fish & Wildlife Department stand auf, als sie den Raum betraten, und betrachtete Annie überrascht. Auch er hatte wohl eine handfeste Ranchersfrau mit Stetson erwartet. Nachdem der Versicherungsmakler sie einander vorgestellt hatte, brachte die freundliche Dame vom Empfang den Kaffee und einige Kekse. »Freut mich, Sie kennenzulernen, Ma'am«, sagte der Beamte, ein hochgeschossener Bursche mit dunklen Augen. Sein grüner Anorak lag über der Sessellehne. »Mister Harris hat mich gebeten Sie anzuhören, und ich komme dieser Bitte sehr gern nach, obwohl ich nicht so recht weiß, wie ich Ihnen helfen kann. Ich nehme an, es geht um das leidige Mustang-Problem.«

Annie war sofort bei der Sache, eine Fähigkeit, die Peggy besonders an ihr bewunderte. »Das leidige Mustang-Problem, wie Sie es nennen, ist eine Herzensangelegenheit«, begann sie. »Nicht nur von mir. Die überwiegende Mehrheit der Amerikaner denkt so wie ich. Sie glauben gar nicht, wie viele Briefe wir bekommen. Alles Leute, die uns unterstützen und Mut zusprechen, und bei den Absendern handelt es sich nicht nur um rührselige Tierschützer, wie unsere Gegner behaupten. Sie können die Briefe gerne lesen. Ich bin der Meinung,

105

es ist vor allem unsere moralische Pflicht, die grausame Jagd mit Flugzeugen und Trucks zu verbieten. Gott kann nicht wollen, dass wir einige seiner schönsten Kreaturen auf diese grausame Weise umbringen. Das verbietet uns auch der gesunde Menschenverstand. Hier im Westen ist genug Platz. Wenn wir Schutzgebiete für die Mustangs einrichten würden, könnten die Tiere artgerecht überleben. Und wenn einige schon gefangen und getötet werden müssen, was ich nicht glaube, sollten wir wenigstens die grausamen Methoden der Mustangjäger verbieten. Fish & Wildlife ist für den Erhalt der Natur zuständig. Ich frage Sie: Was haben Sie bisher für den Schutz dieser Tiere getan? Was gedenken Sie in Zukunft für die Tiere zu tun?«

Der Mann, er hieß Howard Leslie, brauchte einige Zeit, um die Fragen der wie immer kämpferischen Annie zu verdauen. »Ich verstehe Ihren Unmut, Mrs Johnston, und glauben Sie mir, auch ich heiße die Jagdmethoden der Mustangjäger nicht gut. Sie haben recht, sie sind brutal. Aber unserer Abteilung sind die Hände gebunden. Sehen Sie, unser Regierungsauftrag besagt, dass wir uns um das Wildlife, das wilde Leben in der Natur, kümmern sollen. Und Mustangs sind keine Wildpferde … nach dem Gesetz jedenfalls. Als sie mit den Spaniern auf den amerikanischen Kontinent kamen, waren sie domestiziert, normale Reitpferde wie unsere Pferde auch. Viele blieben es sogar bei den Indianern, die sie ebenfalls als Reittiere benutzten. Erst nach den Indianerkriegen vor sechzig, siebzig Jahren verteilten sie sich über die Prärie und lebten in wilden Herden.«

»Auch im Wilden Westen gab es Wildpferde«, widersprach Annie, »sehr viele sogar. Sie wollen mir doch nicht sagen, dass alle Mustangs mal zahm waren.«

»Sie stammen zumindest von zahmen Tieren ab.« Howard Leslie fühlte sich sichtlich unwohl in seiner Haut. »Ich weiß selbst, wie fadenscheinig das klingt, Mrs Johnston, aber so ist die offizielle Lesart von Fish & Wildlife. Es tut mir sehr leid.«

»Mit anderen Worten, Sie stehlen sich mit einer billigen Ausrede aus der Verantwortung«, erwiderte Annie gereizt. »Schämen Sie sich, Mister Leslie! Von einer staatlichen Agentur, die sich den Schutz des wilden Lebens auf die Fahnen geschrieben hat, hätte ich wesentlich mehr erwartet. Komm, Peggy, wir gehen.«

Ohne auch nur einen Schluck von dem Kaffee getrunken zu haben, verließen Peggy und Annie das Büro. Beide nickten Mister Harris freundlich zu, bevor sie an der ständig lächelnden Empfangsdame vorbeigingen und in den Aufzug traten.

»Dem hast du aber ganz schön eingeheizt«, sagte Peggy, während sie nach unten fuhren. »Aber ich glaube, er kann wirklich nichts für uns tun. Er ist Beamter, er muss streng nach dem Gesetz handeln. Im Grunde tut er nur seine Pflicht.«

»Das ist es ja gerade!«, schimpfte Annie. »Jeder tut

nur seine Pflicht. Wer in diesem Land etwas verändern will, muss eben etwas mehr als seine Pflicht tun!«

»Die Kinder, die uns geschrieben haben, tun was.«

»Ich weiß«, erwiderte Annie schon wieder etwas ruhiger, »uns helfen mehr Menschen, als ich zu hoffen gewagt habe. Aber alle paar Wochen muss ich mal aus der Haut fahren, sonst stehe ich die Sache nicht durch. Sture Beamte wie dieser machen mich verrückt. Warum stehen die nicht mal auf und sagen ihren Vorgesetzten die Meinung? Haben die denn so viel Angst?«

Die Aufzugstüren öffneten sich. Sie durchquerten die Eingangshalle und kehrten zu ihrem Wagen zurück, blickten einander über das Dach des Fahrerhauses an.

»Wie wär's mit einem Hamburger?«, fragte Annie. »Ich kenne ein Drive-in, da gibt's die besten Hamburger der Welt. Eine Cola wär auch nicht schlecht.«

»Klingt gut«, war Peggy sofort begeistert.

Die Hamburger schmeckten tatsächlich gut, waren mit reichlich Zwiebeln, Tomaten und Gurken belegt, und Ketchup und Senf quollen zwischen den angewärmten Brötchenhälften hervor. Hübsche Mädchen in knappen Uniformen bedienten auf Rollschuhen und hakten die Tabletts mit dem Essen in die offenen Wagenfenster. Aus den Lautsprechern an den Säulen drang lauter Rock 'n' Roll.

Als Peggy von ihrer Cola trank und aus reiner Neugierde in den Rückspiegel blickte, sah sie einen rostigen Pick-up in das Drive-in fahren. Nur für wenige Sekunden war der Wagen zu sehen, dann verschwand er hinter dem chromblitzenden Thunderbird, der neben ihnen parkte, und fuhr an einen der freien Schalter heran.

Peggy verschluckte sich beinahe.

»Nicht so hastig«, ermahnte Annie sie lächelnd, »wir haben Zeit.«

»Buddy … ich glaube, das war Buddy Miller!«

»Der Mustangjäger? Wo?«

»Drei oder vier Schalter weiter«, vermutete Peggy. »Ich hab seinen Pick-up im Rückspiegel gesehen … das glaub ich jedenfalls.«

»Du irrst dich bestimmt. Soweit ich weiß, sind Buddy Miller und Ron Baxter auf der Ranch von James Rockwell untergekrochen, und die liegt von Reno noch weiter entfernt als unsere Ranch. Weiter als bis nach Wadsworth fahren die selten. Da gibt's einen Laden, einen Friseur und die Bar … na, die hast du ja gesehen.«

»Es sei denn, er beschattet uns.«

»Wie in einem Krimi, meinst du? Aber warum? Dass ich alles tue, um das neue Gesetz durchzubringen, wissen sie doch. Warum sollten die uns nachfahren?«

»Lass uns lieber verschwinden! Ich hab ein ungutes Gefühl.«

Sie warteten, bis die Bedienung die Tabletts geholt hatte, und fuhren auf die Straße zurück. Der Hamburger lag Peggy plötzlich schwer im Magen. Alle paar Sekunden wanderte ihr Blick zum Rückspiegel, stets darauf gefasst, den rostigen Pick-up der Mustangjäger auftauchen zu sehen. Doch außer dem chromblitzenden Thunderbird, der nach ihnen das Drive-in verlassen hatte, war niemand zu sehen.

Als sie den Stadtrand erreichten und dem Highway in die Painted Rocks folgten, zuckten die ersten Blitze vom Himmel. Donner rollte über die bunten Felsen. So ungestüm, wie es nur über den weiten Ebenen des Westens möglich war, entluden sich die dunklen Wolken, die schon seit dem frühen Morgen am Himmel hingen, und heftiger Regen prasselte auf das Land herab. Heftig wie Hagelkörner schlugen die schweren Regentropfen auf die Windschutzscheibe des Pick-ups.

Peggy schaltete die Scheibenwischer ein und ging mit dem Tempo herunter. Weit über das Lenkrad gebeugt wie eine Anfängerin, die ihren ersten Wagen steuert, fuhr sie durch den heftigen Regen. Sie erlebte ein solches Unwetter nicht zum ersten Mal, darauf musste man in Nevada ständig gefasst sein, und doch fürchtete sie sich, vielleicht weil sie schon ahnte, dass sie sich im Drive-in nicht getäuscht hatte und eine andere Gefahr viel größer war.

Die beiden Scheinwerfer tauchten plötzlich in ihrem Rückspiegel auf und kamen so rasch und unerbittlich näher, dass ihr keine Zeit mehr blieb, den Wagen zu beschleunigen, um dem Verfolger zu entkommen. Hilflos erlebte sie, wie die dunklen Umrisse eines Pick-ups den Spiegel ausfüllten, die Scheinwerfer so nahe waren,

110

dass nur noch ein greller Lichtfleck zu sehen war, und gleich darauf ein heftiger Schlag das Heck ihres Wagens traf, dann noch einer und noch einer, bevor ihr erst klar wurde, dass der Wagen sie rammte.

Geistesgegenwärtig lenkte sie in eine Parkbucht, die wie ein Geschenk des Himmels aus dem Regen tauchte. Neben einem schweren Truck, der dort den Regen abwartete, brachte sie ihn mit quietschenden Bremsen zum Stehen. Der Pick-up, der sie gerammt hatte, schoss an ihnen vorbei und verschwand.

Peggy sank erleichtert aufs Lenkrad. »Der … der wollte uns umbringen!«

»Glaube ich nicht«, erwiderte Annie erstaunlich gefasst, »so gemein ist nicht mal Buddy Miller. Er wollte uns nur einen Schrecken einjagen, und das ist ihm ja auch vortrefflich gelungen. Aber wenn er glaubt, dass er mich durch solche Mätzchen davon abhalten kann, für das Gesetz zu kämpfen, hat er sich geschnitten!«

Peggy blickte sie entgeistert an und musste plötzlich lachen. »Du … du bist wirklich … einmalig!«, stammelte sie. »Und du hast Nerven wie Drahtseile.«

»Die muss man in meinem Job auch haben«, sagte Annie und nahm sie in den Arm. Ihre Augen waren feucht. »Du warst großartig, Peggy! Einfach großartig!«

10

Die ersten Kinder kamen am Freitagabend. Sie sprangen aus dem Station Wagon ihrer Eltern und hatten sich sofort in den Haaren. »Du hast mich aus dem Wagen geschubst, du blöde Kuh!«, rief der Junge, und das Mädchen antwortete: »Ist ja gar nicht wahr! Du lügst! Du willst mich nur vor den Leuten schlechtmachen!«

»Toby! Susan!«, hörte Peggy die Mutter schimpfen. »Benehmt euch!«

»Na, das kann ja heiter werden«, sagte Peggy und folgte den Johnstons aus dem Haus, um die Kinder in Empfang zu nehmen. Der Junge war ungefähr neun, das Mädchen zwei oder drei Jahre jünger. »Wenn die anderen beiden auch so einen Wirbel veranstalten, müssen wir uns wohl auf einiges gefasst machen.«

»Wenn die Eltern weg sind, geht es meistens besser«, beruhigte Annie sie.

»Bin ich froh, dass wir die Wildfänge mal los sind«, sagte die Mutter, nachdem sich alle vorgestellt hatten. »Ich hoffe, Sie kommen besser mit ihnen zurecht als wir. Also, ehrlich gesagt, mir wachsen die Streithähne langsam über den Kopf!«

Der Vater regte sich weniger auf. »Wir dachten, so ein Wochenende in freier Natur würde ihnen ganz guttun. Wir kommen aus Vegas, wissen Sie, und da geht es recht hektisch zu. Sie haben doch Tiere hier?«

112

»Natürlich«, reagierte Annie verständnisvoller, als Peggy gedacht hatte. »Und Sie werden staunen, was die Nähe von Tieren alles bewirken kann. Keine Angst, wir werden schon fertig mit Toby und Susan. Ah, da kommt Hopalong.«

Der Vater trat unwillkürlich einen Schritt zurück und verschanzte sich hinter der Wagentür. Auch die Mutter machte nicht den Eindruck, als wäre sie oft mit Hunden zusammen. »Keine Angst, der tut nichts«, sagte Annie, »dazu ist er viel zu müde. Sehen Sie, er schleicht schon wieder an seinen Lieblingsplatz zurück.«

Toby warf einen Stein nach dem Hund.

»Mom!«, petzte seine Schwester. »Toby tut dem Hund weh!«

»Petzliese! Petzliese!«, revanchierte sich Toby.

Peggy schnappte sich den Jungen. »Soll ich dir ein Geheimnis verraten, Toby? Einen Stein lässt Hopalong sich gefallen, aber einen zweiten … einen zweiten nimmt er sehr persönlich. Vor zwei Wochen war ein Junge hier, der war genauso wie du. Als er den zweiten Stein warf, packte ihn Hopalong am Hosenboden und zerrte ihn quer über den Hof. Ich glaube, dem Jungen tut der Hintern heute noch weh.«

»Stimmt ja gar nicht. Du willst mir nur Angst machen.«

»Willst du's drauf ankommen lassen?«

Toby verzichtete auf die Mutprobe und verzog sich. Von einem ganz anderen Kaliber waren die Ge-

113

schwister, die am nächsten Morgen in einem brand-
neuen Cadillac von ihren Eltern gebracht wurden.
John und Cherry kamen aus reichem Hause und das
sah man ihnen auch an: Er trug einen Anzug mit Flie-
ge, der ihn wie einen kleinen Gentleman aussehen ließ,
sie einen weiten Glockenrock, der eher in die Highschool gepasst hätte. Wie Peggy später erfuhr, war der
Junge zwölf und seine Schwester elf, ungefähr zwei
Jahre jünger, als sie geschätzt hätte. Das lag wohl an der
erwachsenen Kleidung. Beide schienen kein Interesse
zu haben, das Wochenende auf einer Dude Ranch zu
verbringen.

Entsprechend abfällig fiel der Kommentar des Jungen aus: »Ich weiß nicht, was wir hier sollen, Dad. Warum schickst du uns in diese Einöde? Reiten können wir
auch im Country-Club. Hier gibt es Schlangen, und
wenn die Cowboys ausreiten, schlafen sie auf dem Boden. Außerdem reiten sie komisch …«

»Ich will nach Hause«, wandte sich Cherry an ihre
Mutter.

»Wer wird denn die Flinte gleich ins Korn werfen«,
mischte sich Annie ein. »Erstens schlaft ihr in einem
gemütlichen Blockhaus und nicht auf dem Boden,
zweitens reiten Cowboys nicht komisch, sondern sehr
bequem, wie ihr schon gleich feststellen werdet, und
drittens ist dieses Land abwechslungsreicher, als es auf
den ersten Blick aussieht. Es wird euch gefallen, das
verspreche ich euch. Also bringt eure Sachen schon mal

114

ins Blockhaus, die zweite Hütte von links, und zieht euch die Reitsachen an.«

Der energischen Annie wagte selbst John nicht zu widersprechen. Er zog lediglich die Augenbrauen hoch, nahm seine Tasche und verschwand. Cherry folgte ihm brav.

»Achten Sie bitte darauf, dass John und Cherry pünktlich zu essen bekommen«, sagte der Vater zu Charlie. Eine Frau als Geschäftspartnerin war er wohl nicht gewohnt. »Unsere Kinder brauchen einen regelmäßigen Tagesablauf. Ich kann mich darauf verlassen?« Und ohne eine Antwort abzuwarten: »Rufen Sie an, falls es Probleme gibt.« Er reichte ihm seine Visitenkarte. »Sie haben doch Telefon?«

Charlie nahm die Karte. »Sonst gebe ich Rauchzeichen.«

Der Vater überhörte den Scherz und gab seiner Frau durch ein Kopfnicken zu verstehen, dass es an der Zeit war, zu gehen. »Bis Sonntagabend, Mister Johnston. Ma'am, Miss …« Er hielt seiner Frau die Tür auf, stieg selbst ein und fuhr davon. Der Motor des Cadillacs war so leise, dass man nur ein Summen hörte.

»Schnösel!«, murmelte Charlie.

»Kundschaft«, verbesserte Annie ihn leise. »Ohne das Geld solcher Leute könnten wir nicht überleben. Also, zeig den Kindern gefälligst, wie die Cowboys in dieser Einöde im Sattel sitzen. Und denk daran: Um Punkt halb eins gibt es Essen.«

115

»Aye, Ma'am«, antwortete er grinsend.

»Und nun macht, dass ihr auf die Koppel kommt! Ich schreibe inzwischen ein paar Briefe an Schulen in Texas. Die Adressen hab ich von einer Freundin in Waco. Ich wusste gar nicht, dass es so viele Highschools gibt.« Sie ging zum Haus, öffnete das Fliegengitter und drehte sich noch mal um. »Donna kommt später nach. Sie will mir beim Briefeschreiben helfen. Sie klebt die Briefmarken drauf.«

Peggy winkte zum Haus hinüber und kümmerte sich erst mal um die Kinder. In der Zeitungsanzeige der Double-Lazy-Heart-Ranch stand, dass jedes Kind »widerstandsfähige Kleidung und Westernstiefel zum Reiten« mitbringen sollte, und so waren Toby und Susan auch angezogen. Ihre Stiefel waren schon etwas abgenutzt, ein gutes Zeichen, denn in eingelaufenen Stiefeln ritt man wesentlich besser.

»Ich schließe die Tür ab!«, drängelte sich Toby vor.

»Nein ich!«, widersprach Susan und wollte ihm den Schlüssel wegnehmen.

»Hier draußen schließen wir überhaupt nicht ab«, erstickte Peggy den Streit im Keim. »Bring den Schlüssel in die Hütte, Toby, und leg ihn auf die Kommode.«

Beim Anblick von John und Cherry konnte sich Peggy ein leichtes Grinsen nicht verkneifen. In ihrer bunten Kleidung mit den weißen Fransen schienen sie einer Westernrevue am Broadway entsprungen zu sein. Fehlte nur noch die Gitarre. Ihre Stiefel waren nagelneu und blitzblank. »Gehen wir«, schlug John vor.

Auf der Koppel fing Charlie den Hengst seiner Frau ein, ein mausgraues und eher unscheinbares Tier, das seine beste Zeit schon hinter sich hatte. »Das ist Hobo«, stellte er das Pferd den Kindern vor. »Er hat schon ein paar Jahre auf dem Buckel, aber täuscht euch nicht. Wenn ihm was nicht passt, kann er noch immer sehr ungemütlich werden. Stimmt's, mein Freund?« Er tätschelte Hobo den schlanken Hals und nickte zufrieden, als der Hengst schnaubte. »Denkt immer daran: Ein Pferd ist ein lebendiges Wesen und kein Spielzeug, das man benutzt und dann wieder in die Ecke stellt. Also seid gut zu euren Pferden. Zeigt ihnen, dass ihr sie mögt, und streichelt sie ein bisschen, dann sind sie auch freundlich zu euch. Wer ein Pferd schlecht behandelt, ist auch Menschen gegenüber schlecht.«

»Das hab ich alles schon mal irgendwo gelesen«, sagte John. Er wirkte sichtlich gelangweilt. »Wann reiten wir denn endlich? Deswegen sind wir doch hier.«

»Immer schön der Reihe nach«, zeigte sich Charlie geduldig. »Wie verhält man sich denn am besten, wenn man sich einem Pferd nähert und darauf reiten will? John, wenn du so gut Bescheid weißt, kannst du es den anderen sicher erklären.«

»Man darf keine Angst vor ihm haben«, antwortete der Junge, »und man nähert sich am besten von vorn, um ihm zu zeigen, wer das Sagen hat. Wenn man von hinten kommt, kann es passieren, dass es mit den Hufen nach einem ausschlägt.«

Charlie war beeindruckt. »Gar nicht schlecht, und genauso ist es auch beim Reiten. Zeigt dem Pferd, in welche Richtung ihr reiten wollt. Gebt nicht an jeder Ecke seinen Launen nach. Treibt es mit den Hacken an, wenn ihr weiterwollt.«

»Ich nehm lieber die Peitsche«, meldete sich Toby.

»Echte Cowboys brauchen keine Peitsche zum Reiten«, erwiderte Charlie streng. »Sie behandeln ihre Pferde wie gute Freunde. Und gute Freunde verstehen sich ohne Schläge. Ihr seid zwar nur ein Wochenende hier, aber das reicht, um sich mit einem Pferd anzufreunden. Aber zuerst müssen wir unser Pferd satteln.«

Peggy hatte bereits das Sattelzeug aus der Kammer geholt und stellte sich vor die Kinder. »So ein Sattel ist ganz schön schwer, wie ihr seht«, sagte sie, »deshalb helfen wir euch dabei. Doch vor dem Sattel muss die Decke auf den Rücken.« Sie legte die Satteldecke über Hobos Rücken und strich sie glatt. »Ohne die Decke würde das Lederzeug seinen Rücken aufscheuern, und das wollen wir doch nicht.«

»Der ist doch gar nicht so schwer«, sagte John, als Peggy den Sattel aufhob.

»Du hast schon mal ein Pferd gesattelt, was?«

John nickte. »Im Country-Club, aber dort reiten alle im englischen Stil und nicht so primitiv wie auf einer Ranch. Die Sättel dort sind kleiner und leichter …«

Peggy wuchtete den Sattel in seine ausgebreiteten Arme. »Und der hier?«

Unter der Last des schweren Sattels fiel John beinahe um. Er torkelte ein paar Schritte nach vorn und schaffte es gerade eben, sich auf den Beinen zu halten. »Das … ist aber … ein großer … Sattel«, keuchte er und versuchte vergeblich, ihn auf den Rücken des Pferdes zu wuchten. »Außerdem sieht er unbequem aus.«

Peggy nahm ihm den Sattel ab und hob ihn auf Hobos Rücken. »Es kommt auf den richtigen Schwung an, siehst du? Dann ist es gar nicht so schwer.« Sie zog den Sattelgurt an. »Der Gurt muss fest sitzen, sonst fallt ihr runter. Alles klar?«

Die Kinder nickten, auch John war etwas kleinlauter geworden.

»Und jetzt zeigt euch Peggy, wie man aufsteigt«, kündigte Charlie an.

»Ihr stellt den linken Fuß in den Steigbügel und greift mit der linken Hand nach dem Sattelhorn«, erklärte sie, »und dann geht es mit Schwung nach oben.«

Sie griff in Hobos dichte Mähne und gab ihm einen freundschaftlichen Klaps. »Na, wie fühlt sich das an, Hobo? Annie schreibt ein paar wichtige Briefe, du weißt schon, wegen der Mustangs, deshalb sitze ich heute mal auf deinem Rücken. Komm, zeig den Kindern, dass du noch nicht zum alten Eisen gehörst!«

Peggy drehte einige Runden, zeigte den Kindern, wie man im Sattel sitzt und mit den Zügeln umgeht.

119

»Einfacher, als Fahrrad fahren«, sagte sie. »Ihr müsst eure Bewegungen dem Pferd anpassen, dann kann gar nichts passieren. Na, wer will's mal probieren? Keine Angst, Hobo tut euch nichts. Der ist ganz zahm.«

»Ist doch nichts dabei«, war John schon wieder obenauf. Er ließ sich von Peggy die Zügel reichen, schwang sich problemlos in den Sattel und ritt los. Doch sein Vorhaben, den anderen zu zeigen, was für ein guter Reiter und für ein toller Kerl er war, ging kräftig daneben. Er saß viel zu steif im Sattel, beinahe wie ein Turnierreiter, und riss so stark an den Zügeln, dass Hobo scheute und ihn abwarf. John stürzte ins Gras und sein leuchtend weißes Hemd wurde schmutzig.

Toby lachte schadenfroh. »Hast du das auch im Country Club gelernt?«

»Angeber! Angeber!«, lästerte Susan.

Cherry sagte gar nichts.

»Kein Grund, den armen John auszulachen«, nahm Peggy den Jungen in Schutz. »Das ist mir auch passiert, als ich reiten gelernt habe.« Das stimmte zwar nicht, sollte ihm aber etwas von seiner Verlegenheit nehmen. »Ihr braucht nicht an den Zügeln zu reißen, ein leichter Zug genügt.« Sie stieg in den Sattel und machte es noch einmal vor. »Willst du's mal versuchen, Toby? Na, wie wär's?«

Toby blieb nichts anderes übrig, als das Angebot anzunehmen. Er brauchte einige Versuche, um in den Sattel zu kommen, und verzog genervt den Mund, als

120

er Johns abfälligen Blick bemerkte. Um es ihm zu zeigen, ritt er viel zu schnell los. Schon nach wenigen Galoppsprüngen fiel er aus dem Sattel und landete kopfüber im weichen Gras. »Hobo ist schuld«, schimpfte er.

»Nicht so stürmisch, Toby!«, mahnte Charlie. »Den Galopp wollte ich eigentlich erst heute Nachmittag durchnehmen. Nun, wer will es noch versuchen?«

»Ich!«, ertönte die vertraute Stimme der kleinen Donna. Sie hatte alle Briefmarken auf die Briefe geklebt und kam mit wehenden Locken auf die Koppel gelaufen. »Ich will es versuchen. Ich bin noch nie auf Hobo geritten. Darf ich?«

»Natürlich«, stimmte Peggy zu. Sie verstellte die Steigbügel und half Donna in den Sattel. »Aber nicht zu schnell, hörst du? Nicht dass du auch runterfällst.«

Donna trieb den Hengst an und lenkte ihn über die Koppel. Sie saß lächelnd im Sattel und bewegte sich so geschmeidig, als wäre sie auf einer Ranch aufgewachsen. Die Zügel lagen locker in ihrer linken Hand, mit der rechten hielt sie das Gleichgewicht und feuerte Hobo an, als er etwas langsamer laufen wollte. In einem leichten Galopp ritt sie am Zaun entlang und zu den anderen Kindern zurück.

»Na, wie hab ich das gemacht?«, rief sie, als sie aus dem Sattel sprang.

»Wunderbar!«, lobte Peggy. »Das war ein einwandfreier Ritt. Wenn du so weitermachst, bist du in ein paar Jahren beim Rodeo dabei. Wäre das was für dich?«

121

»Aber nur, wenn ich nicht gegen dich antreten muss!«

»Das ist unfair«, beschwerte sich Toby. »Sie wohnt hier. Kein Wunder, dass sie besser reiten kann. Wenn ich hier wohnen würde, könnte ich auch so gut reiten!«

»Vielleicht kannst du's schon morgen«, ermutigte ihn Peggy. »Komm, versuch's noch mal! Und sei diesmal nicht so stürmisch. Gewöhn dich erst mal an Hobo. Pass dich seinen Bewegungen an.« Sie hielt ihm die Zügel hin. »Du wirst sehen, dann klappt es gleich viel besser. Und sitz nicht so verkrampft im Sattel.«

Diesmal klappte es wesentlich besser. Toby ritt zwar nicht so locker wie Donna, und seine Bewegungen waren weniger geschmeidig, aber für einen Anfänger hielt er sich sehr tapfer. Er bemühte sich sogar um ein zuversichtliches Lächeln.

Peggy lobte ihn überschwänglich. »Wie ein Cowboy! Ganz toll!«

Jetzt wollte auch John nicht zurückstehen. Er ritt immer noch etwas steif und ungelenk, hatte wohl Schwierigkeiten, sich vom englischen auf den Westernstil umzustellen, und brauchte eine ganze Runde, um einigermaßen mit dem Hengst zurechtzukommen. Er hängte eine zweite Runde dran, und diesmal klappte es besser. Er schaffte es sogar, Hobo in einen leichten Galopp zu treiben. »Gar nicht so übel, diese Westernsättel«, rief er. »Etwas primitiv, aber doch bequem.« Er sprang aus dem Sattel und reichte Peggy die Zügel. »Das nächste

122

Mal möchte ich ein schnelleres Pferd. Ich glaube, dieser Hobo leidet schon an Altersschwäche.«

Peggy verzieh ihm den Seitenhieb. »Und jetzt seid ihr dran«, sagte sie zu den Mädchen. »Ihr seht ja, es ist gar nicht so schwer. Susan, in den Sattel mit dir!«

Die Mädchen hielten sich wacker, auch wenn aus ihnen niemals Rodeo-Reiterinnen werden würden. Und sie hatten sogar Spaß am Reiten. Susan ritt besser als Cherry, die etwas ängstlich war und sich erst an Pferd und Sattel gewöhnen musste. »Das wird schon!«, rief Peggy ihr zu.

Charlie hob das Mädchen herunter und nahm Hobo den Sattel ab. Er wuchtete ihn auf den Koppelzaun. »So, das reicht«, sagte er. »Ihr habt euch tapfer geschlagen.« Er legte Donna einen Arm um die Schultern. »Besonders unsere kleine Donna. Sie wohnt nämlich noch gar nicht so lange auf unserer Ranch. Stimmt's, Donna?« Er lächelte stolz. »Wie wär's mit einem saftigen Hamburger?«

»Au ja«, rief Donna sofort.

Auch die anderen Kinder waren begeistert. John hatte etwas von seiner Arroganz verloren, Cherry war nicht mehr so weinerlich und Toby und Susan waren zu müde, um noch zu streiten. Nicht schlecht für den Anfang, dachte Peggy.

Im Ranchhaus, während die Kinder im Bad verschwanden und sich die Hände wuschen, nahm Annie ihren Mann und Peggy mit ernstem Gesicht beiseite.

»Donnas Tante hat eben angerufen. Sie will sie in ein Heim stecken.«

»Aber sie hat doch das Sorgerecht«, erwiderte Peggy entsetzt.

»Sie schiebt gesundheitliche Gründe vor. Und andere Verwandte, die sich um Donna kümmern könnten, gibt es nicht. In zwei Wochen will sie Donna abholen.«

»Das ist ja furchtbar.«

»Es sei denn …«

»Ja?«

»Es sei denn, wir bekommen das Sorgerecht. Das würde natürlich bedeuten, dass wir Donna adoptieren und ihr eine Ausbildung ermöglichen müssten.«

»Und? Worauf wartest du noch?«, fragte Charlie.

Annie hielt lächelnd einen Brief hoch. »Schon geschehen. Ich wusste doch, dass du so antworten würdest. Das Jugendamt ist, glaube ich, auf unserer Seite, und Donna hat mir schon mehrmals gestanden, dass sie am liebsten bleiben würde.«

»Hoffentlich«, sagte Charlie. »Hoffentlich!«

11

»Wie wär's mit einem Ausritt?«, fragte Annie nach dem Essen. Sie wollte Donna keine falschen Hoffnungen machen und hatte ihr nichts von dem Anruf ihrer

Tante erzählt. »Wie ich höre, reitet ihr schon ganz gut. Höchste Zeit, dass wir John mal zeigen, wie abwechslungsreich unsere Gegend ist. Den Nachtisch gibt's als Picknick. Frisches Obst und Schokolade.«

Darauf wollte niemand verzichten, auch Donna nicht. »Reiten wir auf die Bergwiese, wo ich mit Peggy beim Picknicken war?«, fragte sie hoffnungsvoll.

»Ganz recht, und du zeigst uns den Weg, okay?«

»Aber nur, wenn Peggy mir hilft«, antwortete das Mädchen.

»Peggy kommt auch mit«, versprach Annie. »Nur Charlie lassen wir zu Hause, der war heute schon genug im Freien. Der muss den ganzen Bürokram erledigen.«

Wenig später brachen sie auf. Einer hinter dem anderen ritten sie am Ufer des Truckee River entlang. Annie vornweg, dann die Kinder und Peggy am Schluss. Das Gewitter hatte sich verzogen und die Sonne strahlte vom wolkenlosen Himmel. Nur die Bäume spendeten etwas Schatten.

»Immer am Fluss lang«, verkündete Donna, die wieder im Sattel von Pinto saß und sich pudelwohl in ihrer Rolle als Anführerin fühlte. Ihre blonden Locken leuchteten in der Sonne. »In einer Stunde sind wir in den Bergen … ganz oben.«

»Denkt an die Schokolade, die es oben gibt!«, fügte Annie hinzu.

Die Kinder fanden sich immer besser zurecht. Annie hatte die kleinsten und zahmsten Pferde für sie ausgesucht, damit nichts passierte. Die waren diesen Weg schon viele Male gegangen und hätten auch allein in die Berge gefunden. Ihnen machte es wenig aus, wenn eines der Kinder zu stark an den Zügeln zerrte oder sonst etwas Falsches tat. Sie waren geduldig und unge-übte Reiter gewöhnt.

Am Wasserfall legten sie eine kurze Rast ein. Mit großen Augen blickten die Kinder zu den mächtigen Bergmassiven empor, besonders John, der sich vergeb-lich bemühte, sein Erstaunen hinter einer gleichgülti-gen Maske zu verbergen. »Da oben liegt ja Schnee«, rief er verwundert. »Ich dachte, hier gibt es nur Wüste.«

»Da drüben ist schon Kalifornien«, klärte ihn Annie auf.

»Kalifornien?«, staunte Cherry. »So weit sind wir ge-ritten?«

Annie lachte. »So weit ist das gar nicht. Wir wohnen nur ein paar Meilen von der kalifornischen Grenze ent-fernt. Östlich von unserer Ranch gibt es tatsächlich nur Wüste. Weite Ebenen, viel Felsen und Sand, Salbei und Greasewood.«

»Und wir müssen da ganz oben rauf?«, fragte Susan.

Annie schüttelte den Kopf. »Nicht dahin, wo der Schnee liegt. Nur auf den Berg vor uns. Siehst du den schmalen Trail? Da geht es zum Picknickplatz.«

»Der Trail ist aber sehr steil«, sagte Cherry.

»Das hab ich beim ersten Mal auch gedacht«, erwi-derte Donna. In Gegenwart der anderen Kinder be-

126

nahm sie sich etwas altklug. »Aber als ich unterwegs war, hat es mir nichts mehr ausgemacht. Ist gar nicht schlimm.« Sie verschwieg, dass sie sich auf dem Pfad etwas unsicher gefühlt und mehrmals am Sattelhorn festgehalten hatte. Diesmal wollte sie sich auf keinen Fall wie ein kleines Kind benehmen.

Nachdem sie die Pferde getränkt hatten, ritten sie weiter. Im Gänsemarsch ging es den gewundenen Pfad hinauf. Donna hielt sich großartig, bekämpfte erfolgreich ihre Angst und saß beinahe so locker im Sattel wie am Flussufer. Sie war inzwischen mit Pinto vertraut, kannte seine Launen und Eigenarten. Zum Beispiel schnaubte er vor jeder Kurve leise und drehte den Kopf, als müsste er nachprüfen, ob sie noch auf seinem Rücken saß. Erst wenn sie ihn tätschelte, lief er weiter.

»John, nicht so steif!«, rief Peggy dem Jungen zu, der hinter Annie und Donna ritt. »Toby, du auch … etwas lockerer. Denk daran, wie die Cowboys in den Western im Sattel sitzen. Ganz entspannt. Wir brauchen weder vor Indianern noch vor Banditen Angst zu haben. Susan, so ist es gut. Cherry, lach doch mal wieder!«

Auf der Bergwiese erwartete sie ein kapitaler Wapiti-Hirsch, der aber sofort das Weite suchte, als er die Reiter kommen sah. Ein Kaninchen raste in wilden Zickzack-Sprüngen über die Wiese und verschwand zwischen den Felsen. Das Gras wogte im sanften Wind, die Blumen neigten sich im Sonnenlicht. Die Luft war so klar und frisch, dass man meilenweit über die felsigen Berge blicken und einen grünen Gletschersee in der Ferne leuchten sehen konnte. Ein Adler, vielleicht derselbe, den Donna vor Kurzem gesehen hatte, ließ sich im Wind treiben.

Selbst Annie verharrte einen Augenblick im Sattel, um die andächtige Stille auf sich wirken zu lassen. »Ist es nicht herrlich hier oben?«, rief sie begeistert. »Seht ihr den seltsamen Felsen? Das ist Chief's Nose, die Nase des Häuptlings.«

»So haben ihn die Indianer genannt«, erklärte Donna.

Sie ritten zu dem Felsentisch, auf dem Peggy und Donna gepicknickt hatten, und machten es sich bequem. Es gab Äpfel, Pflaumen und für jeden einen großen Riegel Schokolade. Alle waren guter Laune. Annie und Peggy tauschten einen vielsagenden Blick. Na, was hab ich gesagt, schien Annie zu sagen, hier draußen schleift sich vieles ab. Sogar nervende Kids wie der arrogante John oder Toby und Susan, die beiden Streithähne, benahmen sich hier oben ganz normal.

Peggy freute sich vor allem für Donna, die innerhalb weniger Tage die Last ihrer Vergangenheit etwas abgeschüttelt hatte und so aufgeblüht war, wie Peggy es niemals für möglich gehalten hätte. Hoffentlich durften Annie und Charlie sie adoptieren. Auf der Double-Lazy-Heart-Ranch würde sie das Glück finden, das sie bisher nicht gehabt hatte. Und Annie und Charlie würden ihr

128

gute Eltern sein. Nicht auszudenken, was geschehen würde, wenn die Behörden den Antrag ablehnten.

Nach dem Picknick tollten die Kinder auf der Wiese umher. Peggy nützte die Zeit, um Annie von dem versteckten Tal zu erzählen, in dem der weißen Hengst und seine Herde lebten. Annie und Charlie waren erst ein paarmal dort gewesen. »Dort habe ich einen alten Indianer getroffen«, berichtete Peggy. »Jeremiah Red Legs … ein weiser Mann.«

»Den kenne ich«, erwiderte Annie. »Er trägt eine Eisenbahnermütze, nicht wahr? Er hat uns mal geholfen ein verletztes Fohlen aufzuspüren. Wenn wir jemals gegen die Mustangjäger in den Krieg ziehen wollten, würde er mit allen Kriegern seines Stammes kommen und uns helfen. Und wenn die Regierung ihre Soldaten schicken würde, hätte er noch Freunde bei den Sioux. Dieser Stamm hat hat schon einmal gegen die Blauröcke gewonnen. Vor achtzig Jahren, am Little Big Horn.«

Cherry kam über die Wiese gerannt. »John ist verschwunden!«, rief sie aufgeregt. »Ich hab ihn schon überall gesucht. Er wollte nur mal nachsehen, wohin der schmale Pfad am anderen Ende der Wiese führt, aber da ist er nicht. Er ist weg!«

»Und wir sitzen hier und reden über Geschichte«, stöhnte Annie.

Peggy sprang auf. »Keine Angst, Cherry. Wir suchen ihn zusammen. Weit kann er ja nicht sein.« Sie folgte ihr zum anderen Ende der Wiese. »Wo ist der Pfad?«

»Da drüben, zwischen den Bäumen.«

Der Pfad schlängelte sich zwischen den Fichten und einigen Felsbrocken hindurch und verschwand im dunklen Unterholz. Der feuchte Boden war mit Spuren übersät. Peggy kannte sich nicht genug aus, um zu erkennen, welche Tiere den Trail benutzt hatten, wusste aber, dass es in dieser Gegend Raubtiere gab. Berglöwen, Bären, sogar Wölfe hatte man schon in den Bergen gesehen. Den Menschen kamen sie selten zu nahe; nur wenn man sie in ihrer Ruhe störte oder einem Muttertier mit Jungen in den Weg kam, konnte es gefährlich werden.

»Du bleibst hier«, entschied Peggy.

»Aber ich will dir helfen …«, widersprach Cherry.

»Du bleibst hier! Versprich mir das!«

»Ja, aber …«

Peggy war schon unterwegs. Seitwärts, weil sie auf dem morastigen Boden sonst ins Rutschen gekommen wäre, stieg sie über den Pfad nach unten. Schon nach wenigen Schritten verschwand Cherry aus ihrem Blickfeld. Man hörte nicht mal die lauten Stimmen von Toby und Susan, die auf der Blumenwiese herumtobten. Als wäre sie allein in einem verwunschenen Wald, meilenweit von Annie und den Kindern entfernt. Unter den weit ausladenden Fichten war es düster und kühl, und der kühle Wind sang ein unheimliches Lied. Selbst ein forsch auftretender Junge wie John konnte es in diesem Wald mit der Angst zu tun bekommen.

130

Unterhalb einiger Felsbrocken, die wie ein Denkmal aus längst vergangener Zeit aus dem Waldboden ragten, verlor sich der Pfad im Unterholz. Vergeblich suchte Peggy danach. Sie blieb stehen und blickte sich um. Ihre Augen hatten sich inzwischen an das düstere Licht gewöhnt, konnten aber nichts entdecken. Sie schien allein im Wald zu sein. »John!«, rief sie verzweifelt.

Sie bekam keine Antwort. Auch als sie ein zweites und drittes Mal nach ihm rief, blieb alles still. Ihre Stimme verhallte wirkungslos in der Dunkelheit. Nach ein paar Schritten versuchte sie es erneut, wieder ohne Ergebnis. Sie suchte nach Spuren und gab schon nach wenigen Augenblicken auf. Der Boden war mit abgebrochenen Ästen und Fichtennadeln übersät, dort hätte nicht mal ein Fährtensucher etwas gefunden. »John!«, rief sie wieder. »John! Um Himmels willen, wo bist du?«

Keine Antwort.

Nur das leise Rauschen des Windes.

Peggy stieg weiter nach unten, bohrte einige Äste in den Boden, um später nach oben zurückzufinden. Ohne einen Pfad sah in dem Wald alles gleich aus. Ein Baum neben dem anderen, kaum zu unterscheiden, keine Felsbrocken mehr, keine Hügel, nicht mal ein umgestürzter Baumstamm, der ihr den Weg gewiesen hätte.

Ein dumpfes Grollen drang durch den Wald. Der Donner eines nahenden Gewitters? Kaum möglich, dachte Peggy, auch wenn das Wetter in den Bergen

131

manchmal rasch umschlug. Vor ein paar Minuten war der Himmel noch strahlend blau gewesen. Ein Berglöwe oder ein Bär, der den Jungen gewittert hatte? Sie stellte sich vor, dass John gestürzt war und irgendwo mit einem gebrochenen Bein lag, den wilden Tieren hilflos ausgeliefert. Wenn ein Berglöwe das Blut roch, überwand er vielleicht die Scheu vor den Menschen. Aber warum rief der Junge nicht um Hilfe? War er bewusstlos? War er so weit weg, dass sie sein Rufen nicht hörte?

Sie folgte dem Grollen und glaubte einen dunklen Schatten zwischen den Bäumen zu erkennen. Sofort blieb sie stehen. Sie kniff die Augen zusammen, um besser sehen zu können, aber der Schatten war schon wieder verschwunden. Wahrscheinlich nur Einbildung, sagte sie sich, in dieser düsteren Umgebung konnte man schon auf seltsame Gedanken kommen. Dennoch wartete sie minutenlang, bevor sie weiterging. Sie blickte sich noch aufmerksamer um, zuckte bei dem jedem Knacken und Ächzen zusammen und hielt sich erschrocken an einem Baum fest, als dicht vor ihr ein Eichhörnchen an einem Baumstamm emporkletterte.

Nur ganz allmählich beruhigte sich ihr Puls wieder. Sie bohrte einen weiteren Ast in den weichen Boden, um nicht die Orientierung zu verlieren, und hielt auf das helle Licht zu, das in einiger Entfernung durch die Bäume schimmerte. »John!«, rief sie in der Hoffnung, der Junge könnte auch dem Licht gefolgt sein. »John! Bist du da unten? Melde dich, John! Ich bin's, Peggy! Ich will dir helfen!«

Doch der Wald blieb stumm, und außer dem Rauschen des Windes und dem Krächzen eines einsamen Vogels war kein Laut zu hören. Peggy beschleunigte ihre Schritte, konnte sich vorstellen, wie besorgt Annie war. Mit ungelenken Schritten, weil der Boden immer noch glitschig war, und beiden Armen vor dem Gesicht, um sich gegen tief hängende Äste zu schützen, lief sie auf den hellen Schein zu.

Endlich erreichte sie das Ende des Waldes. Vor ihr tat sich eine Lichtung auf, die bis zum Rande eines felsigen Abgrundes reichte. Dahinter öffnete sich eine riesige Schlucht. Ein weiter Himmel spannte sich bis zum Horizont und verschmolz mit der Wüste, die sich im Osten erstreckte. Ein Habicht fühlte sich durch ihre Anwesenheit gestört und schwang sich in die Lüfte.

Von John keine Spur.

»John! Bist du hier irgendwo? Bist du in der Nähe?«

Keine Antwort.

Eine schreckliche Ahnung keimte in ihr auf. Vorsichtig und zögernd, voll Angst, den Jungen tot oder verletzt auf dem Grund der Schlucht zu sehen, tastete sie sich bis zum Rand des Abgrundes vor. Mit klopfendem Herzen blickte sie in die Tiefe, sah Geröll und abgebrochene Äste auf dem Boden liegen und entdeckte einen Teil des Pfades, über den sie zur Bergwiese emporge-

133

ritten waren. Als der Wind für einen Augenblick verstummte, hörte sie den Wasserfall leise rauschen.

Sie ging am Rand der Schlucht entlang und suchte weiter. Außer einigen Rehen, die weit unten auf einer Wiese ästen, war kein Leben zu entdecken. Auch der Habicht hatte sich verzogen und suchte woanders nach Beute. Die wenigen Wolken, die langsam über den Himmel zogen, warfen düstere Schatten.

Am südlichen Ende der Klippe entdeckte sie einen weiteren Pfad. Er führte durch ein kurzes Waldstück und in steilen Serpentinen durch ein Gewirr von Felsen und abgestorbenen Bäumen in die Tiefe. Annie hatte nie von diesem Trail erzählt, anscheinend war er wesentlich steiler als der Pfad, über den sie in die Berge geritten waren. Peggy konnte sich nicht vorstellen, dass John in die Schlucht hinabgestiegen war, und wollte schon wieder umkehren und woanders suchen, als sie ein kaum hörbares Stöhnen vernahm.

»John? John?«, rief sie aufgeregt. Sie folgte dem Pfad weiter nach unten, diesmal schneller und ohne Rücksicht darauf, dass nur ein paar Schritte links von ihr der Abgrund gähnte, und sah den Jungen neben einigen Felsbrocken liegen. Er musste über die verkrüppelte Kiefer, die aus der Felswand ragte, gestolpert und gestürzt sein. Sie kniete sich neben ihn. »John! Bist du verletzt? Was ist passiert?«

»Ich hab einen Bären gesehen«, antwortete der Junge, noch immer vor Angst zitternd, »einen Grizzly oder so was … da oben … im Wald. Ich dachte schon, er … er wollte mich angreifen, aber … aber dann ist er weggerannt … einfach so … und ich bin auch gerannt … und dann bin ich über den … den verdammten Ast gestolpert.«

»Hast du dir was gebrochen? Ist alles okay mit dir?«

»Ich glaube … ich glaube, ich war … war kurz weggetreten. Aber jetzt geht es schon wieder.« Er stemmte sich auf einen Ellbogen und griff sich mit der freien Hand an den Kopf. »Ich hab mir wohl den Kopf angestoßen … bin nur noch ein bisschen … schwindlig.« Er versuchte sich zu bewegen. »Sonst ist alles okay.« Er wollte aufstehen und verlor das Gleichgewicht, sank wieder zu Boden.

»Langsam, John!«, ermahnte sie ihn. »Du hast vielleicht eine Gehirnerschütterung. Die hatte ich auch mal.« Sie lächelte sanft. »Du darfst dich nicht anstrengen.«

»Ich wollte doch nur mal nachsehen, wohin der Pfad führt«, sagte er.

»Ich weiß«, erwiderte sie. »Das war ganz schön leichtsinnig von dir, allein loszulaufen.«

»Das hätte ich … nicht tun sollen, was?«

»Du hast Glück gehabt, John. Großes Glück.«

»Du meinst … der Bär …«

»… hätte auch angreifen können. Man weiß nie.«

Das Schnauben eines Pferdes durchdrang die Stille. Sie blickte den Pfad hinunter und sah einen Reiter näher kommen. Er trug eine Gitarre über dem Rücken und hatte seinen Stetson tief in die Stirn gezogen. Erst als er dicht vor ihr war und sein Pferd zügelte, schob er den Hut in den Nacken. »Howdy. Peggy, nicht wahr?«

»Marty Rockwell!«, erschrak sie.

Sein Lächeln war unwiderstehlich, ließ sie beinahe vergessen, dass sie einen der Mustangjäger vor sich hatte. Auch wenn er in der Schlucht und in dem Lokal für sie eingetreten war. »Immerhin können Sie sich noch an meinen Namen erinnern.« Er blickte den Jungen an. »Ohne Pferd sollte man sich hier nicht herumtreiben. Selbst im Sattel ist der Weg sehr steil und gefährlich.« Er verriet aber nicht, warum er den Trail genommen hatte. »Bist du verletzt? Kannst du noch laufen?«

»Danke, es geht schon wieder«, sagte John. Er stemmte sich vom Boden hoch und hielt sich am Stamm der verkrüppelten Kiefer fest. »Ich bin ausgerutscht.«

»Kann passieren«, erwiderte Marty Rockwell.

Peggy erkannte, wie peinlich dem Jungen seine Lage war, und sagte: »Der Boden ist ziemlich glitschig, da verliert man leicht den Halt.« Sie bemerkte Johns dankbares Lächeln und wandte sich an den Ranchersohn. »Was suchen Sie hier?«

»Ich war auf dem Weg zu Ihnen.«

»Zu mir? Woher wussten Sie, dass ich hier oben bin?«

»Wo sollten Sie denn sonst sein? Auf der Ranch waren Sie nicht, also mussten Sie hier oben sein. Die Johnstons reiten immer mit den Kindern hierher.«

»Und was wollen Sie von mir?«

»Ich wollte mich entschuldigen«, erwiderte er beinahe schüchtern. Jetzt hatte er nichts mehr mit einem Mustangjäger gemein. »Für neulich in dem Lokal. Buddy hat sich ziemlich danebenbenommen. Und … und ich wollte Sie warnen, Peggy.«

»Warnen? Wovor denn?«

»Vor Buddy Miller und auch vor Ron Baxter. Ich kann die beiden genauso wenig leiden wie Sie. Mein Vater bezahlt sie, um die Mustangs loszuwerden. Welche Methoden Sie dabei anwenden, ist ihm egal. Hauptsache, die Pferde verschwinden von unserem Land … und aus ganz Nevada. Ich muss den Jägern helfen.«

»Sie müssen gar nichts. Sie könnten Ihrem Vater sagen, dass Sie bei einer so grausamen Sache nicht mitmachen. Aber dazu sind Sie wahrscheinlich zu feige.«

»Vielleicht«, räumte er ein. »Aber Buddy … er ist mächtig wütend auf Wild Horse Annie. Gestern hat er geschworen, dass er diese … dass sie schon noch merken würde, was sie davon hat, ihm ständig auf die Füße zu treten. Er würde ihr einen Denkzettel verpassen, an den sie ewig denken müsste … und zwar schon bald.«

»Das hat er gesagt?«

Marty bewegte sich verlegen im Sattel. »Nun, er hat sich ein wenig drastischer ausgedrückt, mit Schimpfwörtern und so. Aber so ähnlich hat er geschworen. Er hat irgendeine Schweinerei vor, Peggy. Das wollte ich Ihnen sagen.«

137

»Okay, Sie haben es gesagt.«

Marty Rockwell wendete sein Pferd und ritt davon.

»Marty?«, rief sie ihm nach.

Er drehte sich noch einmal um. »Ja?«

»Danke.«

12

Annie war außer sich, als Peggy ihr von Martys Warnung erzählte. Auf der Ranch rief sie sofort im Sheriff's Office an und verlangte nach dem Deputy, der sie auf dem Highway angehalten hatte, doch der war auf Streife. Der diensthabende Officer sagte: »Ich verstehe Sie ja, Ma'am, aber solange keine Straftat vorliegt, können wir leider nichts unternehmen. Mister Rockwell ist ein angesehener und gesetzestreuer Bürger, der wird schon dafür sorgen, dass seine Angestellten keine Straftat begehen. Der Mann hat es sicher nicht so gemeint.«

Noch weniger aufmunternd hörte sich die Antwort von James Rockwell selbst an: »Wild Horse Annie? Und Sie wagen es tatsächlich, bei mir anzurufen? Wissen Sie denn nicht, was passieren würde, wenn Ihr Gesetz durchginge? Die Mustangs würden meinen Rindern das beste Gras wegfressen. Wilde Pferde, die sich wie Schmarotzer auf unseren Weiden herumtreiben und jeden Rancher viel Geld kosten! Nein, Ma'am, mir

138

brauchen Sie mit diesem rührseligen Geschwätz von den armen Mustangs nicht zu kommen. Und was Buddy Miller betrifft … er mag ein roher und ungehobelter Bursche sein, aber er handelt streng nach dem Gesetz.«

»Und warum hat er dann gedroht, mir einen Denkzettel zu verpassen?«

»Woher wollen Sie das wissen?«

»Von … ich weiß es eben.«

»Ach was!«, fertigte der Rancher sie ab. »Wenn Sie Ihre sinnlosen Aktionen einstellen würden, bräuchten Sie auch nichts zu befürchten! Und jetzt lassen Sie mich gefälligst in Ruhe. Ich hab was anderes zu tun, als mir Ihre absurden Vorwürfe anzuhören. Geben Sie auf, Wild Horse Annie, geben Sie endlich auf!«

Vor Angst und Wut machte Annie in dieser Nacht kaum ein Auge zu, auch Charlie war die halbe Nacht auf den Beinen und hielt Ausschau nach Buddy Miller. Wenn er jemand eine Schweinerei zutraute, dann diesem Mann. Wer keine Hemmungen hatte, auf ein Fohlen zu schießen, scheute sicher nicht davor zurück, ihren Pferden etwas anzutun oder eine andere Gemeinheit auszuhecken.

Peggy konnte ebenfalls kaum schlafen. Auch sie befürchtete, die Mustangjäger würden sich an den Pferden vergreifen oder sie davontreiben. Sie trat alle paar Minuten vor die Tür und blickte zur Koppel hinüber, suchte nach einer verdächtigen Bewegung oder dem Lichtkegel einer Taschenlampe. Als sie eines der Pferde unruhig wiehern hörte, zog sie sich rasch an und lief zur Koppel, vorbei an der Veranda, unter der Hopalong friedlich schnarchte. Auf diesen Hund konnte man sich nicht verlassen, der würde bestimmt nicht merken, wenn Gefahr im Anzug war. Er würde wahrscheinlich nicht mal bellen, wenn es brannte.

Auf der Koppel war alles ruhig. Sie bemerkte gerade noch, wie Blue Skies das Fohlen vom Gatter wegtrieb, anscheinend hatte sie es aus den Augen verloren und mit einem Wiehern ermahnt, in ihrer Nähe zu bleiben. Sie kletterte auf die mittlere Sprosse des Zauns und tätschelte Dusty, der sofort zu ihr gelaufen war, und sagte: »Pass schön auf, Dusty, und sag mir Bescheid, falls dieser Mistkerl in der Nähe ist!« Sie drückte ihre Stirn an seinen Hals und merkte wieder einmal, wie viel ihr der Wallach bedeutete. Er war zu einem verlässlichen Freund geworden.

Vor den Kindern ließen sie sich nichts anmerken. Ganz im Gegenteil, beim Frühstück verkündete Charlie: »Heute habe ich eine ganz besondere Überraschung für euch! Nicht nur für euch, auch für Peggy!« Er strahlte Peggy an. »Heute reiten wir Rodeo. Kommt mit, dann zeige ich euch, was ich vorbereitet habe.«

Auf der Koppel standen drei Fässer. Zu einem großen Dreieck angeordnet und jeweils fünfundvierzig Fuß auseinander, wie beim Barrel Racing. Sie trugen sogar noch die Aufschrift des Sponsors, einer großen Futtermittelfirma in Wadsworth.

Peggy strahlte übers ganze Gesicht. »Wo hast du die denn her?«

»Von der Rodeo Association in Wadsworth«, sagte er. »Die wollten die Fässer auf den Müll werfen, weil sie ab dieses Jahr einen neuen Sponsor haben. – Wer war denn von euch schon mal beim Rodeo?«, fragte er die Kinder.

Nur die Hände von Toby und Susan gingen hoch.

»Aber ihr wisst, wie es beim Rodeo zugeht. Die Cowboys reiten auf bockenden Pferden und Bullen und fangen Kälber ein, und die Cowgirls treten mit ihren Pferden beim Barrel Racing an. Wer am schnellsten um die Fässer reitet, hat gewonnen. Peggy hat schon bei vielen Rodeos mitgemacht und gehörte immer zu den Schnellsten. Sie erklärt euch jetzt mal, was man alles beachten muss.«

Peggy saß bereits im Sattel. Beim Anblick der Fässer war ihr Herz aufgegangen, und sie spürte wieder die Herausforderung, die sie auf den Rodeos der vergangenen Monate erlebt hatte. »Also, am wichtigsten ist natürlich, dass ihr so schnell wie möglich reitet«, begann sie. »Aber das ist noch nicht alles. Ihr müsst so eng um die Fässer herumreiten wie möglich, ohne sie umzustoßen. Wenn eines der Fässer umfällt, gibt es fünf Strafsekunden. Macht euch beim Reiten so flach wie möglich und haltet euer Gleichgewicht, wenn ihr um die Fässer reitet. Feuert die Pferde an, das haben sie gern. Ich zeige es euch am besten mal.«

141

Peggy ritt zum Startpunkt, den Charlie mit einem Stück Holz markiert hatte, und rief: »Los!« Im selben Augenblick stieß sie Dusty ihre Hacken in die Seite, und der Wallach schien förmlich zu explodieren. Er genoss es sichtlich, sein Können wieder einmal unter Beweis zu stellen. Wie der Blitz sprengte er über den weichen Grasboden, drückte sich dicht an das erste Fass und ging weit nach unten, bevor er sich mit der Hinterhand abstieß und zum zweiten Fass galoppierte. Peggy feuerte ihn mit schrillen »Heya! Heya!«-Rufen an, als wäre sie angetreten, um Dixie Malone aus dem Rennen zu werfen und den Siegerpokal in den Händen zu halten. Sie saß locker im Sattel, weit nach vorn gebeugt, die Zügel in der linken Hand, und ihre Augen blitzten vor Begeisterung. Kraftvoll und energisch meisterte Dusty auch das zweite und dritte Hindernis und überquerte im gestreckten Galopp die gedachte Ziellinie.

Alle klatschten, auch Charlie. »Fantastisch, einfach fantastisch!«

»Auf Gras tut er sich etwas schwer«, sagte Peggy und gab ihrem Pferd einen freundschaftlichen Klaps. »Beim Rodeo haben wir Sandboden, da ist er schneller.« Sie stützte sich aufs Sattelhorn. »Wer will es zuerst versuchen? Donna?«

Donna lenkte ihren Schecken zum Start und wartete mit blitzenden Augen auf das Signal. Auf »Los!« trieb sie Pinto an, im weiten Bogen um das erste Fass herum und quer hinüber zum zweiten Fass. Sie galoppierte nur stellenweise, aber meisterte alle Hindernisse, bevor sie mit leuchtenden Augen durchs Ziel ritt. »Na, wie war ich?«, rief sie. »War das schnell genug?«

»Das war sehr gut«, lobte Peggy, »aber du musst ein bisschen enger an die Fässer heranreiten, und ein bisschen schneller geht es immer. Beim nächsten Mal.«

Auch die anderen Kinder hielten sich wacker. Susan und Cherry waren zu langsam, John riss in seinem Eifer zwei Tonnen um, und Toby ging die letzte Tonne so stürmisch an, dass er einen weiten Umweg reiten musste. »Aber fürs erste Mal war das gar nicht schlecht«, war auch Charlie voll des Lobes. »Wie wär's, wenn ihr noch ein bisschen weiterübt, während ich mit Peggy was Wichtiges bespreche? Nach dem Essen beginnt unser Rodeo, dann nehme ich eine Stoppuhr mit und messe die Zeit. Aber reitet euch nicht gegenseitig über den Haufen!«

Peggy stieg aus dem Sattel und blieb neben Charlie am Zaun stehen. Sie griff dankbar nach der Wasserflasche, die er ihr reichte. »Was gibt's, Charlie? Buddy?«

»Nein, nein«, erwiderte er lachend, »an den hab ich gar nicht mehr gedacht. Aber ich habe vorhin im Radio gehört, wer das Barrel Racing beim Rodeo in Carson City gewonnen hat. Dixie Malone natürlich, mit weitem Abstand. Der Reporter hat sie in der Arena interviewt. Du hättest wohl eingesehen, dass du keine Chance gegen sie hast, hat sie gesagt, und dich deshalb aus dem Staub gemacht.«

»Das ist nicht wahr!«, brauste Peggy auf. »So eine Frechheit!«

»Natürlich ist es nicht wahr«, stimmte Charlie ihr zu, »aber das arrogante Gehabe dieser Texanerin hat mir klargemacht, dass du sie dieses Jahr unbedingt noch schlagen musst. Ich will nicht, dass du als Feigling dastehst, nur weil du jetzt bei uns arbeitest und Annie bei ihren Aktionen unterstützt.«

»Ich will auch, dass ein neues Gesetz kommt«, sagte Peggy.

»Aber nicht auf Kosten deines guten Rufs«, erwiderte er.

Peggy winkte ab. »Was Dixie sagt, ist mir egal! Meinetwegen kann sie mich auch im Fernsehen schlechtmachen. Hauptsache, wir legen den Mustangjägern endlich das Handwerk. Das ist doch viel wichtiger als ein Sieg beim Rodeo.«

»Was hältst du davon, wenn wir beides verbinden?«, schlug Charlie vor. Beim Lächeln zeigten sich Grübchen neben seinen Mundwinkeln. »Ich hab da eine Idee, weißt du? In ein paar Wochen findet das große Rodeo in Las Vegas statt. Wie wär's, wenn du dich dort anmeldest, und wir fahren alle gemeinsam hin. Annie, Donna, du und ich.« Jetzt strahlte er über beide Wangen. »Und ich bringe dir bis dahin noch ein paar raffinierte Indianertricks bei. Einer meiner Vorfahren hieß angeblich Schneller-als-der-Blitz, und der war der schnellste Reiter unseres ganzen Stammes.«

144

»Würdest du das wirklich tun?«, fragte Peggy begeistert.

»Und ob«, erwiderte Charlie verschwörerisch. »Ich will unbedingt erleben, wie du gegen diese Texanerin gewinnst und den Pokal in die Höhe hältst!«

Sie fingen gleich am Nachmittag mit dem Training an. Während die Kinder außerhalb der »Arena« das Galoppieren übten, ritten Peggy und Charlie um die Fässer. Der Indianer machte den Anfang. Er gab die Stoppuhr weiter und sagte: »Mal sehen, was ein alter Krieger wie ich noch kann. Ich bin schon ein wenig eingerostet …«

Peggy beobachtete ihn genau. Er schloss sekundenlang die Augen, bevor er zur Startlinie ritt, und wirkte in sich gekehrt und vollkommen ruhig. Wie Peggy flüsterte auch er seinem Pferd etwas zu, bevor er ihr durch ein Kopfnicken zu verstehen gab, dass er bereit war. »Los!«, rief sie.

Charlie ritt nicht so schnell und elegant wie sie, das sah man schon bei der ersten Tonne, und sein Pferd hätte beim Kentucky-Derby wohl nur einen hinteren Platz belegt, dennoch beeindruckte er mit seinem Ritt. Anders als die meisten Reiter, die sie kannte, schien er mit seinem Pferd zu verschmelzen, als wären er und das Tier ein Wesen. Erst nachdem er die Ziellinie überquert hatte, löste er sich von seinem Pferd.

»20,9 Sekunden«, rief Peggy.

Charlie glitt aus dem Sattel und nickte zufrieden.

»Ich weiß nicht, was Schneller-als-der-Blitz dazu sagen würde, aber ich war schon langsamer. Jetzt bist du dran.«

»Wie machst du das?«, fragte sie. »Bei dir sah alles so … harmonisch aus.«

Er griff nach den Zügeln. »Du musst deine Bewegungen so mit deinem Pferd abstimmen, dass es aussieht, als wäre ein Wesen ohne das andere nicht denkbar, das ist das ganze Geheimnis. Was meinst du, warum meine Vorfahren so gut reiten konnten? Sie dachten sich in ihre Pferde hinein, sie konnten ihre Gedanken lesen. Sie brauchten ein wildes Pferd nicht einzureiten oder mit der Peitsche zu zähmen, sie blickten ihm in die Augen und sprachen mit ihm. Sie betrachteten es als guten Freund, mit dem man auf einer Wellenlänge funken musste, wenn man erfolgreich sein wollte. Sie brauchten kein eisernes Zaumzeug, keine Trense wie wir. Ein Strick genügte, ein Schenkeldruck reichte aus, um ihn in eine gewünschte Richtung zu lenken. Wenn du so vertraut mit deinem Pferd bist, wirst du immer unter den Ersten sein, auch mit einem Pferd, das eigentlich nicht zu den Schnellsten gehört. Schließ die Augen, bevor du losreitest. Denk dich in Dusty hinein. Gib ihm durch deine Gedanken zu verstehen, worauf es bei dem Ritt ankommt. Reite ihn wie eine Indianerin und du gewinnst.«

Peggy lächelte. »So ähnlich hat es Jerry Red Legs auch gesagt.«

»So denken alle Indianer«, stimmte ihr Charlie zu. »Fast alle.«

Sie ritt an den Start und schloss die Augen, konzentrierte sich nur auf den bevorstehenden Ritt. In Gedanken galoppierte sie um alle drei Tonnen und über die Ziellinie, verschmolz mit Dusty zu einem Wesen. Quatsch, würden einige ihrer Rivalinnen beim Rodeo sagen, man muss sein Pferd ordentlich rannehmen, wenn man gewinnen will. Aber das allein reichte manchmal nicht aus.

Als sie die Augen öffnete, schien auch Dusty durch ein leises Schnauben anzuzeigen, dass er bereit war. Peggy legte sich im Sattel nach vorn und nickte.

»Go!«, rief Charlie und drückte auf die Stoppuhr.

Peggy flog förmlich um die Hindernisse herum. Sie fühlte sich mehr mit ihrem Pferd verbunden als sonst, als gäbe es eine unsichtbare Verbindung zwischen ihnen. Die Konzentration vor dem Start, als sie alle ihre Gedanken auf Dusty gerichtet hatte, zeigte Wirkung. Es kam ihr beinahe so vor, als würde er schon reagieren, bevor sie mit den Zügeln oder Knien die Richtung anzeigte. »Heya! Lauf, Dusty, lauf!«, rief sie und fühlte sich besser als je zuvor bei einem Ritt. Mit einer kraftvollen Wende ging es um die letzte Tonne und im Galopp über die Ziellinie.

»16,2 Sekunden«, rief Charlie. »Das ist Weltklasse!«

Peggy freute sich ebenfalls, sagte aber: »Ich muss noch viel üben.«

Die Kinder hatten begeistert zugesehen und konnten es gar nicht erwarten, selbst um die Wette zu reiten. Peggy loste die Reihenfolge mit kleinen Hölzchen aus. »Und denkt daran, eine umgestoßene Tonne kostet fünf Strafsekunden, also seid vorsichtig und geht die Wende lieber etwas weniger stürmisch an.« Sie zog das letzte Hölzchen. »Du fängst an, John. Dann Cherry, Susan, Toby und Donna.«

Annie und Tante Martha und selbst Hopalong kamen zur Koppel, um sich den Wettkampf anzusehen. Peggy war aus dem Sattel gestiegen und gesellte sich zu ihnen, die Zügel in der Hand. Charlie stieg auf die Kiste, die er mitgebracht hatte.

»Ladies and Gentlemen«, verkündete er, »willkommen zum Junior-Rodeo auf der Double-Lazy-Heart-Ranch. Wir freuen uns, dass Sie so zahlreich zu diesem Großereignis erschienen sind. Ein besonderer Gruß geht an unsere Teilnehmer: Toby und Susan aus Las Vegas, John und Cherry aus Los Angeles und den hoffnungsvollen Nachwuchsstar Donna von der Double-Lazy-Heart-Ranch. Als erster Reiter geht John an den Start. Gib uns ein Zeichen, John, wenn du so weit bist.«

John lenkte sein Pferd zur Startlinie und beugte sich nach vorn. Er versuchte besonders locker im Sattel zu sitzen und verkrampfte dadurch, erwischte aber einen guten Start und war wesentlich schneller als bei seinem Proberitt. Während Peggy geritten war, hatte er

148

mehrmals die Wenden geübt und berührte die Tonnen kaum. Mit lauten Zurufen trieb er sein Pferd über die Ziellinie und sah Charlie an.

»27,2 Sekunden«, verkündete der Indianer. »Eine sehr gute Zeit. Die muss erst mal einer schlagen. Unsere nächste Reiterin ist Cherry. An den Start mit dir!«

Cherry hatte ebenfalls fleißig geübt, war aber keine besonders gute Reiterin. Immerhin blieb sie unter dreißig Sekunden. Genauso wie Susan, die bei der letzten Tonne patzte und etwas zu spät zum Schlussspurt ansetzte. Mit 35,7 Sekunden war sie am langsamsten von allen Kindern. »Glaub mir«, tröstete Charlie sie, »damit würdest du über die Hälfte aller Mädchen in Los Angeles locker schlagen.«

Toby war wieder zu stürmisch und riss gleich die erste Tonne um. Aber er war schnell unterwegs und schaffte erstaunliche 27,1 Sekunden. Ein Zehntel schneller als John, aber mit den fünf Strafsekunden viel langsamer. Er ärgerte sich furchtbar und beschimpfte sein Pferd: »Warum passt du auch nicht auf, du müder Klepper?« Aber Charlie wies ihn sofort zurecht: »Das arme Pferd kann nichts dafür, das reagiert nur auf deine Befehle. Was soll's, Toby? Du bist ein guter Reiter, und wenn du noch ein bisschen ruhiger wirst, reitest du vorneweg, ganz bestimmt.«

Donna war ehrgeizig. Sie hatte gesehen, was Peggy vor dem Start gemacht hatte, und schloss ebenfalls die Augen, bevor sie signalisierte, dass sie bereit war. Ihr

Lächeln und der leichte Klaps, den sie Pinto gab, zeigten an, wie viel Zutrauen sie zu ihrem Schecken hatte. »Wir kriegen das hin, Pinto!«, flüsterte sie.

Mit dem Startsignal sprengte sie los, weit über den Hals ihres Pferdes gebeugt, die blonden Locken im Wind. Von allen Kindern machte sie die beste Figur, saß am lockersten im Sattel. Als würde sie schon jahrelang reiten. Es waren wohl die Begeisterung und die pure Freude, die sie beim Reiten empfand und die ihr bei diesem Ritt halfen.

»Und jetzt lauf, Pinto!«, rief sie hinter der letzten Tonne. »Wir schaffen es!« Sie erwischte die Wende fast optimal, trieb ihren Schecken noch einmal an und ging so schnell ins Ziel, dass sie einen langen Auslauf brauchte. Alle klatschten, auch die Kinder und sogar John, der wusste, dass Donna ihn geschlagen hatte.

»21,3 Sekunden!«, verkündete Charlie, »das ist die schnellste Zeit!«

Natürlich bekam jedes Kind einen Pokal. Während einer feierlichen Siegerehrung überreichten Annie und Charlie die funkelnden Trophäen und ließen Donna hochleben, die mit dem größten Pokal auf die Kiste steigen und sich feiern lassen durfte. »Heute ist der schönste Tag meines Lebens!«, sagte sie unter Tränen.

13

Die Eltern von John und Cherry kamen am späten Nachmittag. Sie konnten gar nicht glauben, wie begeistert ihre Kinder von dem Wochenende auf der Ranch erzählten und wie stolz sie auf ihre Pokale waren. »Stellt euch vor, wir sind bis nach Kalifornien geritten«, berichtete Cherry mit leuchtenden Augen. Und John rief: »Hier müssen wir unbedingt wieder hin! Die ganzen Ferien, das wäre am besten!«

»Anscheinend müssen wir unsere Erziehungsmethoden noch mal überdenken«, sagte ihr Vater. »In der Stadt geht einem wohl der Blick für das Wesentliche verloren.« Er bedankte sich bei Annie und Charlie und versprach, sich bald zu melden.

Ähnlich überrascht waren die Eltern von Toby und Susan. Ihre Kinder so fröhlich und unbeschwert zu sehen war etwas ganz Neues für sie. »So kenne ich die beiden gar nicht«, staunte die Mutter, »sonst streiten sie den ganzen Tag. Bei uns in Vegas haben sie wohl zu wenig Auslauf. Dürfen sie wiederkommen?«

»Natürlich«, erwiderte Annie. »Ich glaube, es hat ihnen gut gefallen.«

»Und wie!«, stimmte Toby zu.

Donna war ein wenig traurig, weil sie ihre Spielkameraden verlor, freute sich aber gleichzeitig, als Einzige auf der Ranch bleiben zu dürfen.

»Höchste Zeit, dass wir uns um die Pferde kümmern«, forderte Peggy das Mädchen auf, nachdem die Kinder abgefahren waren. »Übers Wochenende haben wir Blue Skies und White Lightning etwas vernachlässigt. Nimm ein paar Mohrrüben für die beiden mit, sie machen gute Fortschritte und haben sie verdient.«

Mit einer Tüte voller Mohrrüben, die Tante Martha immer in der Küche bereitliegen hatte, liefen Peggy und Donna zur Koppel. Hopalong folgte ihnen neugierig, als er die Tüte sah, und kehrte beleidigt an seinen Lieblingsplatz zurück, als Donna ihn an einer Mohrrübe riechen ließ. Mit Gemüse hatte er nichts im Sinn.

»Du kriegst gleich dein Futter«, tröstete Peggy ihn.

Dusty wusste ganz genau, was in der Tüte war, und wartete schon, als Peggy das Gatter öffnete. Sie hielt ihm eine halbe Mohrrübe hin, gab ihm dann die zweite Hälfte und griff ihm liebevoll in die Mähne. »Braver Bursche«, lobte sie ihn, »du hast dich heute wacker geschlagen. Wenn wir so weitermachen, schlagen wir Dixie vielleicht doch noch. Was meinst du, was die für Augen machen würde!«

Donna rief White Lightning und seine Blue Skies herbei. »White Lightning! Ich bin's, Donna! Komm und hol dir deine Mohrrübe! Ich weiß, ich hätte mich heute mehr um dich kümmern sollen, aber ich durfte beim Rodeo mitmachen und hatte keine Zeit. Aber jetzt bin ich nur für dich da.« Die beiden Pferde schienen ihre Aufforderung zu verstehen und schnappten gierig nach den Mohrrüben. »He, nicht so hastig!«, rief Donna. »Eure Freunde wollen auch noch was.«

Nachdem alle Pferde ihren Snack bekommen hatten, schlug Peggy vor, die Stute und ihr Fohlen im Stall übernachten zu lassen. »Die beiden brauchen dringend etwas Ruhe. Wer weiß, ob White Lightning das schreckliche Erlebnis schon verdaut hat. Außerdem ist es ganz gut, wenn Blue Skies allein mit ihr ist.«

Donna zerknüllte die Tüte und verstaute sie in ihrer Jackentasche. »Morgen spiele ich den ganzen Tag mit White Lightning, das lenkt sie ab. Wenn ich traurig bin, spiele ich auch immer.«

Peggy griff nach einem Lasso, das wie immer griffbereit an einem Pfosten hing, und trieb die beiden Pferde in den Stall. Sie brachte sie in einer geräumigen Box unter und schloss die untere Hälfte der Holztür. »Macht's gut!«, rief sie ihnen zu. »Hier habt ihr ein bisschen Ruhe vor euren Freunden. Unterhaltet euch schön.«

»Meinst du, sie unterhalten sich wirklich?«, fragte Donna.

»Nun ja«, erwiderte Peggy, »sie können nicht sprechen. Aber verständlich machen können sie sich auch. Pass mal auf, wenn sie wiehern oder schnauben. Das klingt immer anders und hat jedes Mal etwas anderes zu bedeuten. Oder sieh dir an, wie sie den Kopf halten, ob sie die Ohren aufgestellt oder angelegt haben, ob sie mit dem Schweif schlagen … Tiere haben ihre ganz eigene Sprache.«

»Kann man die Tiersprache lernen?«

»Du kannst zumindest herausfinden, was die verschiedenen Laute oder Gesten bedeuten. Wenn ein Pferd aufgeregt ist, legt es zum Beispiel die Ohren an. Und wenn es kurz und hastig schnaubt, ist es nervös. Ein schrilles Wiehern bedeutet, dass es Angst hat, und wenn es unruhig schnaubt, wittert es Gefahr.«

»In der Schule lernt man das aber nicht.«

»Nein, das lernst du nur auf einer Ranch und überall dort, wo du viel mit Pferden zu tun hast. Alle Cowboys und Cowgirls können sich mit ihren Pferden verständigen, und du kannst es ja auch schon ein bisschen. Du hast doch eben auch mit White Lightning gesprochen, und sie hat an deinem Tonfall gemerkt, was du ihr sagen willst. Und als du ihr die Mohrrübe gegeben hast, wusste sie, dass du sie gern magst. Das ist ähnlich wie bei den Menschen.« Sie strich Donna über die blonden Locken. »So, jetzt müssen wir aber gehen. Annie und Charlie warten sicher schon mit dem Abendessen auf uns, und du weißt ja, wie sauer Tante Martha ist, wenn man zu spät zum Essen kommt. Heute Abend gibt es übrigens Hotdogs und Kartoffelsalat.«

»Bin schon unterwegs, das ist eins meiner Lieblingsessen«, sagte das Mädchen und lief aus dem Stall.

Peggy verriegelte die Stalltür und folgte ihr, blieb aber schon nach wenigen Schritten stehen. Nervös blickte sie zum Waldrand hinüber. Im Gegenlicht der untergehenden Sonne glaubte sie eine schemenhafte Gestalt zu erkennen, doch als sie ihre Augen mit der flachen Hand beschattete, war sie wieder verschwunden.

»Peggy!«, rief Donna. »Wo bleibst du denn? Magst du keine Hotdogs?«

»Doch … ich komme gleich nach, okay?«

»Warte aber nicht zu lange, sonst ist keiner mehr übrig!«

Peggy blinzelte erneut in die untergehende Sonne und suchte den Waldrand ab, konnte aber nichts Ungewöhnliches entdecken. In der Windstille, die seit dem Nachmittag herrschte, bewegten sich nicht einmal die Bäume. Das hügelige Grasland, das bis zum Waldrand reichte und nur von Salbeibüschen und Greasewood bewachsen war, schien im Licht der letzten Sonnenstrahlen zu glühen.

Immer noch unruhig lief sie weiter.

»Ich dachte, ich hätte jemand am Waldrand gesehen«, sagte sie zu Annie und Charlie, als Donna beim Händewaschen war. »Meint ihr, die haben was vor?«

»Buddy Miller?«, erwiderte Annie. »So dumm wird er wohl nicht sein.«

Charlie blickte nervös aus dem Fenster. »Vielleicht doch. Dem Mistkerl traue ich alles zu. Der ist noch schlimmer als Ron Baxter. Ich sehe mich lieber mal um.«

»Sei vorsichtig!«, warnte Annie ihn.

»Ich bin gleich zurück.«

Die anderen waren schon beim Nachtisch angelangt, als Charlie von seinem Erkundungsgang zurückkehrte. »Nichts«, sagte er nur. Doch auch ihm war anzumerken, wie sehr ihn die Drohung der Mustangjäger beschäftigte. Während er den Hamburger aß, den Tante Martha für ihn aufgewärmt hatte, blickte er immer wieder aus dem Fenster, obwohl es dunkel war und man kaum etwas sehen konnte.

»Keine Angst«, beruhigte er Annie und Peggy, nachdem Donna ins Bett gegangen war. »Ich hab meinen Revolver auf dem Nachttisch liegen. Wenn der Bursche wirklich kommt, zeige ich ihm, dass wir Indianer noch kämpfen können.«

»Du willst auf ihn schießen?«, fragte Peggy verwundert.

»Unsinn! Ich jage ihm nur einen Schrecken ein.«

Peggy bezweifelte, ob das reichte. Buddy Miller war einer der übelsten Burschen, denen sie jemals begegnet war. Er schreckte bestimmt nicht vor einer Straftat zurück. Sie vermutete sogar, dass er schon einiges auf dem Kerbholz hatte. Nur ein Mann, der Spaß daran hatte, ein anderes Lebewesen zu quälen, verdiente als Mustangjäger sein Geld. Sonst hätte er in einer Fabrik oder Werkstatt gearbeitet und sein Geld leichter verdient.

Auf dem Weg in ihr Blockhaus blickte sie ständig zum Waldrand hinüber. Im blassen Mondlicht waren nur die dunklen Umrisse des Stalls und der Sattelkammer zu erkennen. Sie betrat ihre Hütte, zog sich aus und stellte sich unter die heiße Dusche. Nach dem anstrengenden Wochenende mit den Kindern tat das prickelnde Wasser gut. Sie trocknete sich gründlich ab, schlüpfte in ihren Schlafanzug und legte sich ins Bett, die kleine Nachttischlampe eingeschaltet und eine Hand auf dem neuen Buch, das daneben lag. Ein spannender Krimi, der in Fort Lauderdale spielte. Genau das Richtige, wenn man im Westen wohnte und das Meer nie zu sehen bekam, aber nichts für einen Abend, an dem man ständig damit rechnen musste, dass ein skrupelloser Bursche wie Buddy Miller auftauchte.

Sie ließ das Buch liegen und knipste die Lampe aus. Minutenlang starrte sie mit weit geöffneten Augen zur Decke empor. In der Dunkelheit glaubte sie Gestalten zu sehen, seltsam geformte Monster, die immer tiefer sanken und direkt vor ihren Augen auftauchten und ihre Mäuler aufrissen. Leise fluchend schaltete sie das Licht wieder an. Sie stemmte sich auf die Ellbogen und starrte aufs Fenster, erkannte nur die Nachttischlampe, die sich im dunklen Glas spiegelte. Nervös schwang sie die Beine aus dem Bett. Sie ging ins Bad, trank einen Schluck Wasser und kehrte ins Zimmer zurück, trat nach einigem Zögern ans Fenster und presste ihre Nase an das kalte Glas. Dunkle Nacht, bis auf die einsame Lampe, die über dem Eingang zum Haupthaus brannte, und das erleuchtete Fenster im ersten Stock.

157

Anscheinend konnten Annie und Charlie auch nicht schlafen.

Ein dumpfes Gefühl in der Magengegend zwang sie, die Tür zu öffnen und vor das Blockhaus zu treten. Es war kühl geworden und sie fror in ihrem leichten Schlafanzug. Dennoch lief sie ein paar Schritte die Böschung hinunter und blickte zum Waldrand hinüber. Obwohl sie in der Dunkelheit nichts erkennen konnte, hatte sie wieder das Gefühl, dass irgendetwas nicht stimmte. Wie gebannt starrte sie am Haupthaus vorbei, als könnte sie mit ihren Blicken die Nacht durchdringen. Nichts, absolut nichts. Kein flackerndes Licht, kein ungewöhnliches Geräusch, keine plötzliche Bewegung.

Sie wollte sich abwenden und ins Blockhaus zurücklaufen, als eine Flamme in der Dunkelheit aufleuchtete. Gleich darauf verschwand sie wieder. Eine optische Täuschung, redete sie sich ein. Im nächsten Augenblick zeichneten sich die Umrisse einer Gestalt gegen das trübe Mondlicht ab. Nur für den Bruchteil einer Sekunde, dann verschmolz sie mit der Nacht. Wieder nur ein Trugbild? Sie stand wie gebannt, suchte nach einem Beweis dafür, dass sie keine Gespenster sah. Die Flamme kehrte zurück, geisterte durch die Nacht und explodierte plötzlich in einem grellen Feuerstrahl, als hätte jemand Benzin entzündet. Die Flammen leckten am Stall empor und tauchten die stämmige Gestalt von Buddy Miller in rötliches Licht. Sekundenlang stand er

158

im gespenstischen Feuerschein, dann rannte er davon und tauchte in der Nacht unter.

Peggy blickte ungläubig in das Feuer, löste sich nach einer Schrecksekunde aus ihrer Erstarrung und schrie: »Feuer! Der Stall brennt! Feuer!« So wie sie war, im Schlafanzug und barfuß, rannte sie zur Koppel, am Zaun entlang zum Stall. Hinter ihr kamen Annie und Charlie aus dem Haus, ebenfalls in Schlafanzügen, gefolgt von Hopalong, der wohl doch den Ernst der Lage erkannt hatte und sie bellend überholte. »Blue Skies und White Lightning. Sie sind im Stall! Wir müssen sie rausholen!«, rief Peggy verzweifelt.

Sie erreichte den Stall zuerst und blickte entsetzt in die lodernden Flammen. Das Feuer fraß sich gierig in das verwitterte Holz, wanderte prasselnd und knackend an der linken Wand entlang und griff bereits auf das Dach über. Es roch nach Benzin. Aus dem Inneren drang das schrille Wiehern der gefangenen Pferde. Durch das Prasseln der Flammen hörte man, wie die Tiere mit den Hinterhufen gegen die Holzbarrieren schlugen, voll Panik und Angst und mit so großer Wucht, dass Holz splitterte. Das Feuer griff bereits auf die Vorderseite des Stalls über und leckte nach der breiten Doppeltür.

Peggy erkannte, dass ihr kaum noch Zeit blieb. Ungeachtet der Gefahr, von den Flammen versengt oder von brennendem Holz getroffen zu werden, rannte sie zur Tür. »Peggy! Bleib hier! Das ist zu gefährlich!«, hörte sie Annie rufen, doch sie stürmte weiter, öffnete den Riegel und zog einen Flügel der Tür auf. Über ihr brannte bereits das Dach, und ein brennender Balken löste sich, knickte wie ein Streichholz ab und blieb am Dachgerüst hängen. Es war unerträglich heiß.

Peggy duckte sich, als könnte sie sich auf diese Weise vor den Flammen schützen, lief mit gesenktem Kopf zu den Boxen, befreite zuerst das Fohlen und dann die Mutter. Dicht hintereinander und in Panik galoppierten Blue Skies und White Lightning ins Freie, nur weg von dem Stall, so schnell wie möglich in Sicherheit. Sie rannten bis zum anderen Ende der Koppel, zu den anderen Pferden, die sich ebenfalls vor den Flammen in Sicherheit gebracht hatten.

Die Flammen griffen schon auf die andere Wand über. Überall brannte es jetzt, zuckten gierige Feuerzungen empor und griffen nach dem trockenen Holz. Dichter Rauch quoll durch den Stall und hüllte Peggy ein. Sie konnte kaum etwas sehen, ahnte nur, wo die Tür war, und fühlte sich plötzlich wie gelähmt, unfähig, auch nur einen Muskel zu bewegen. Erschöpft sank sie zu Boden. Sie war einer Ohnmacht nahe und spürte bereits die Dunkelheit, die sie von dem beißenden Rauch und dem lodernden Feuer befreien würde. »Peggy! Peggy!«, hörte sie Annies verzweifelte Stimme. Oder war es Charlie? Sie stemmte sich hoch, tastete sich mit schmerzenden Augen nach vorn, merkte gar nicht, wie links und rechts von ihr das brennende Holz

160

zu Boden fiel. Hustend und keuchend und das Gesicht voller Tränen stolperte sie zum Ausgang und an die frische Luft.

Erleichtert sank sie in Charlies Arme. Sie umklammerte ihn schluchzend, würgte und hustete und genoss die kühle Nachtluft wie rettende Medizin. Nur ganz allmählich kam sie wieder zu sich. Sie löste sich von dem Mann, wischte sich mit dem Handrücken die Tränen und den Ruß vom Gesicht und griff dankbar nach der Wasserflasche, die Annie vom Haus gebracht hatte. Sie goss sich etwas Wasser über die angesengten Haare und das Gesicht und trank einen Schluck. Immer noch im Schock starrte sie auf den brennenden Stall, zuckte jedes Mal zusammen, wenn ein Teil des Gebäudes zusammenfiel. Die Flammen verschlangen den Stall wie ein gefräßiges Monster.

»Das war sehr mutig von dir«, sagte Annie, »und leichtsinnig. Du kannst von Glück sagen, dass du lebend herausgekommen bist. Ein Wunder, dass dich kein brennender Balken erschlagen hat. Du musst einen guten Schutzengel haben. Wir konnten dich nicht rausholen … da waren überall Flammen.«

»Ich konnte Blue Skies und … White Lightning doch nicht … nicht verbrennen lassen«, brachte Peggy keuchend hervor. »Ich hab sie gehört … sie hatten große Angst! Ein Paar Minuten später und die armen Tiere … wären jammervoll gestorben!«

»Du hast ihnen das Leben gerettet«, sagte Annie.

161

Sie deutete zum Zaun gegenüber, wo die Stute und das Fohlen bei den anderen Pferden standen und immer noch vor dem Feuer scheuten. »Es ist ihnen nichts passiert. Ein paar Brandwunden und Schrammen vielleicht, aber nichts Ernstes, und bald werden sie auch das Feuer vergessen haben.«

Vor ihren Augen stürzte das Dach ein. In einem gewaltigen Funkenregen krachten brennende Balken und Bretter nach unten, ein massiver Balken zersplitterte und riss eine der Boxenwände ein. Die linke Stallwand geriet ins Wanken und verschwand wie ein dunkler Schatten in den Flammen. Das Feuer gewann endgültig die Oberhand und ließ die Überreste des Stalls wie ein glühendes Kartenhaus zusammenbrechen. Innerhalb weniger Minuten standen kein Balken und kein Brett mehr aufrecht, und von dem Gebäude blieb nur noch ein brennender und glühender Trümmerhaufen übrig. Erst jetzt versiegte die Angriffslust der Flammen, und nur noch vereinzelt schossen Feuerzungen empor und griffen nach einem letzten Stück trockenem Holz.

»Der Stall taugte sowieso nicht mehr viel«, sagte Annie, und Peggy glaubte sogar ein leichtes Schmunzeln in ihren Zügen zu erkennen. »Den hätten wir sowieso bald abgerissen. Am besten fangen wir gleich morgen an, einen neuen zu bauen.«

»Ich werde einige Männer anheuern«, versprach Charlie.

»Wie ist das bloß passiert?«, fragte Annie.

»Buddy Miller … das war Buddy Miller!«, klärte Peggy sie auf. »Ich hab ihn genau gesehen. Er hat den Stall angezündet. Ich … ich hab Benzin gerochen.«

»Dieser Schweinehund!«, schimpfte Charlie.

»Wir müssen den Sheriff anrufen. Er muss ihn festnehmen. Ich hab gesehen, wie er das Feuer gelegt hat. Diesmal kann er sich nicht rausreden. Er hat gegen das Gesetz verstoßen. Das war Brandstiftung, dafür kommt er ins Gefängnis!«

»Bist du sicher?«

»Ganz sicher.«

»Ich meine … könntest du es beschwören, dass es Buddy Miller war? Unter Eid?«

»Unter Eid?« Peggy wurde plötzlich unsicher. »Na ja, er war ziemlich weit weg und der Mond war nicht besonders hell … aber ich habe ihn genau erkannt.«

»Aber beschwören könntest du es nicht. Selbst ein Pflichtverteidiger würde deine Aussage sofort in der Luft zerreißen. Es war Nacht, der Mond und die Sterne waren kaum zu sehen, außerdem standet ihr ziemlich weit entfernt … wie kannst du da mit Gewissheit sagen, das Buddy Miller der Täter war? So wird er argumentieren, und du würdest zugeben müssen, ihn nicht zweifelsfrei erkannt zu haben. Und solange ein Zweifel besteht, ist der Angeklagte unschuldig.«

»Dann können wir ihn nicht drankriegen?«

»Leider nein«, erwiderte Charlie. »Aber wir können James Rockwell die Hölle heißmachen und ihm sagen, dass er einen Brandstifter auf seiner Lohnliste stehen hat, und das werden wir auch tun. Gleich morgen früh, das verspreche ich euch.«

14

Nach einem hastigen Frühstück, damit Annie nicht zu spät zur Arbeit kam, brachen sie auf. Diesmal ohne Revolver, »damit ich keinen Unsinn mache, falls sich dieser Mistkerl über uns lustig macht«, wie Charlie erklärte. Peggy war nicht sicher, ob er mit »Mistkerl« den Rancher oder Buddy Miller meinte. Wahrscheinlich beide, überlegte sie. Buddy Miller wohnte zusammen mit Ron Baxter und Santiago in einer Bretterbude auf der Ranch von James Rockwell.

Die Ranch lag ungefähr zehn Meilen nördlich von Wadsworth in einem weiten und fruchtbaren Tal, das bis zum Truckee River reichte. Über der Schotterstraße, die gleich hinter der Stadt vom Highway abzweigte und durch eine trockene, mit Salbei und Greasewood bewachsene Hügellandschaft führte, spannte sich ein weiter Himmel, so blau und klar, wie man ihn selbst über Nevada nur selten antraf. Sanftes Licht überzog die fernen Berggipfel mit einem goldenen Schleier.

Noch vor dem Frühstück hatte sich Peggy um die Pferde gekümmert und Charlie hatte die Überreste des niedergebrannten Stalls untersucht. Nur noch ein Haufen schwelender Asche war von dem Gebäude übrig geblieben. Er hatte den Sheriff angerufen und einen verschlafenen Deputy am Hörer gehabt, der seine Anzeige aufgenommen und versprochen hatte, seinem Chef darüber zu berichten und die nötigen Schritte einzuleiten. Charlie hatte ihm erzählt, dass Peggy den Mustangjäger beobachtet hatte, und die Antwort des Deputy war dieselbe gewesen, die er Peggy prophezeit hatte. »Aber wir tun, was in unserer Macht steht, Sir. Wir melden uns, okay?«

Natürlich würden sie sich niemals melden. Allenfalls würden sie ihm nach einigen Wochen einen formellen Brief zusenden, in dem ihm mitgeteilt wurde, dass man die Anzeige aus Mangel an Beweisen zu den Akten gelegt hatte.

Auf den letzten Meilen, jenseits eines lang gestreckten Hügelkamms, der die Weiden der Rockwell Ranch wie ein Damm gegen die Wüstenebene schützte, wurde das Land fruchtbarer. Zu beiden Seiten eines schmalen Flusses, der weiter westlich in den Truckee River mündete, erstreckte sich knöcheltiefes Gras, ein wogender grüner Teppich, der bis zu den fernen Bergen reichte. Auf den Hängen standen die Fichten dicht gedrängt, am Ufer wuchsen Cottonwood- und Wacholder-Bäume. In den Tälern weideten Rinder, stämmige Herefords, wie sie von den Schlachthöfen bevorzugt und besonders gut bezahlt wurden, vor einem abgelegenen

Line Camp war ein Cowboy dabei, sein Pferd zu satteln, und blickte neugierig zu ihnen herüber. Vielleicht kannte er den Pick-up-Truck der Johnstons.

Das Haupthaus der Ranch lag im Schatten eines gewaltigen Felsmassivs, ein zweistöckiges Gebäude aus Baumstämmen mit einem dunklen Giebeldach und einer Veranda, die sich um das gesamte Erdgeschoss zog. Umgeben war es von einer riesigen Scheune, einem Stall, der Unterkunft für die Cowboys und zwei Bretterhütten. In einer der Hütten wohnten die Mustangjäger. Ihr Pick-up und der große Truck, in dem sie die Pferde transportierten, standen vor dem Haus.

Charlie steuerte den Wagen an den Hütten vorbei und lenkte ihn auf den Ranchhof. Ein schwarzer Hund lief ihnen bellend entgegen. Sie parkten vor dem Eingang zum Haupthaus und stiegen aus, warteten ungeduldig, bis die Tür aufging und James Rockwell auf der Veranda erschien. Er sah wie der Vater in »Bonanza« aus, einer Fernsehserie, die Peggy im letzten Winter verfolgt hatte. Sie hatte die kalte Jahreszeit in einem Motel verbracht, dessen Besitzer zu ihren Fans gehört und ihr einen Sonderpreis gemacht hatten. Fernsehen war eine tolle Erfindung, glaubte sie, sogar die Monroe hatte sie bewundern können, und Bilder von einem großen Rodeo waren auch zu sehen gewesen. Vielleicht würde man ihren Ritt zeigen, wenn sie in Vegas gegen Dixie Malone gewann.

»Annie ... Charlie ... was wollen Sie hier?«, fragte

Rockwell barsch. Obwohl er noch keine fünfzig war, war sein Haar weiß und sein Gesicht von vielen Falten durchzogen. Von seinem Mund war nur ein schmaler Strich zu sehen. Er richtete seine blauen Augen auf Peggy. »Sie sind diese Rodeo-Reiterin, nicht wahr?«

»Peggy Corbett«, stellte sie sich vor. »Und Sie sind dieser Rancher.«

Der Rancher überhörte die spitze Bemerkung. »Was gibt's?«

»Jemand hat unseren Stall niedergebrannt«, erwiderte Charlie. Er lehnte mit beiden Ellbogen auf der offenen Fahrertür. »Und wir sind ziemlich sicher, dass es einer Ihrer Männer war. Buddy Miller. Peggy hat ihn erkannt. Heute Nacht, muss so gegen elf gewesen sein. Er hatte einen Behälter mit Benzin dabei. Er hat den Stall abgefackelt, obwohl eine Stute und ihr Fohlen in den Boxen standen. Wenn Peggy nicht ihr Leben riskiert hätte, wären sie im Feuer umgekommen.«

Der Rancher presste die Lippen aufeinander, ließ aber nicht erkennen, ob er von dem Anschlag wusste. »Das ist eine schwerwiegende Anschuldigung, Charlie.« Seine Stimme klang gefährlich leise. »Sind Sie sicher, dass es Buddy war? Woher wollen Sie das so genau wissen? Um elf Uhr war es stockdunkel, und Ihr Stall liegt weit hinter dem Haus. Könnten Sie es denn vor Gericht beschwören?«

»Nein, ich könnte es nicht beschwören, Mister Rockwell!«, mischte sich Peggy ein. Sie mochte den Rancher

167

nicht. »Aber ich bin mir ziemlich sicher, dass er es war. Vorgestern Nacht trieb er sich auch in der Nähe unserer Ranch herum. Er ist wütend, weil wir ihn daran hindern wollen, seinem schmutzigen Handwerk nachzugehen, ihn und seine Kumpane. Er wollte uns einen Denkzettel verpassen. Aber wir haben keine Angst! Wir lassen uns nicht einschüchtern!«

»Ich hätte es nicht besser sagen können«, fügte Annie hinzu. In ihrem eleganten Kleid wirkte sie seltsam deplatziert. »Und ich finde es äußerst schäbig von Ihnen, dass Sie diese Männer beherbergen und wahrscheinlich auch noch bezahlen, nur weil Sie nicht ertragen können, dass die Mustangs Ihren Rindern ein paar Büschel Gras wegfressen. Reicht es denn nicht, dass die Mustangjäger von der Regierung bezahlt werden?«

»Wahrscheinlich haben Sie Buddy Miller sogar angestiftet, das Feuer zu legen«, rief Peggy. Wie immer, wenn sie eine Ungerechtigkeit oder Gemeinheit witterte, reagierte sie sehr gefühlsbetont. »Zumindest haben Sie es geduldet. Schämen Sie sich, Mister Rockwell, das Leben von unschuldigen Pferden zu gefährden.«

Der Rancher hatte sich die Vorwürfe ohne sichtbare Regung angehört. Jetzt huschte ein spöttisches Lächeln über sein Gesicht. »Sind Sie endlich fertig? Normalerweise würde ich einen Menschen, der mir solche ungeheuerlichen Vorwürfe macht, von meinen Cowboys davonjagen lassen. Aber ich respektiere Ihre Arbeit, Annie, auch wenn Sie das anders sehen, und deshalb will ich fair sein. Natürlich bezahle ich die Mustangjäger, weil ich der Meinung bin, dass diese Tiere auf unserem Land nichts zu suchen haben. Und auch wenn ich es schon hundertmal gesagt habe: Wir befinden uns dabei in vollkommener Übereinstimmung mit dem Gesetz. Aber ich lasse mir keine Brandstiftung anhängen.« Er erhob seine Stimme und rief: »Buddy Miller! Komm raus, ich hab mit dir zu reden!«

»Ich komme ja schon, Boss«, schallte es dumpf aus der Hütte. Gleich darauf schwang die Tür auf und der Mustangjäger stolperte ins Freie. Er war nur mit einer Wollhose und seiner Mütze bekleidet. Sein Oberkörper und seine Füße waren nackt. Als er Annie und Charlie sah, verzog er den Mund.

»Wo warst du gestern Nacht um elf, Buddy?«

»In meinem Bett. Wo sonst?«

»Kann das jemand bezeugen?«

»Ron und Santiago, na klar.«

James Rockwell lächelte süffisant. »Sehen Sie? Buddy kann es gar nicht gewesen sein. Sie haben sich geirrt, Peggy. Vielleicht war's ein Landstreicher … oder irgendjemand anders, der Annie nicht leiden kann. Feinde hat Sie ja genug.«

»Es war Buddy und niemand anders«, behauptete Peggy.

»Und dass Ron Baxter und der Mexikaner ihm ein Alibi beschaffen, überrascht mich nicht«, sagte Charlie. »Sie stecken schließlich mit ihm unter einer Decke.«

Der Rancher blickte den Mustangjäger an. »Ist das so, Buddy?«

»Natürlich nicht. Ich schwör's!«

»Sehen Sie?«, triumphierte James Rockwell. »Er würde es sogar beschwören. Wenn es sein muss, auch vor Gericht. Ich würde also vorschlagen, dass Sie diese ungeheuerlichen Behauptungen in Zukunft unterlassen und nach Hause fahren.«

Peggy wäre dem Rancher am liebsten an die Gurgel gegangen, bemerkte aber rechtzeitig Charlies warnenden Blick. Stattdessen antwortete Annie: »Wir haben erwartet, dass Sie so reagieren, James. Wir sind nur gekommen, um Ihnen zu sagen, dass Sie sich nicht alles erlauben können. Dass wir unterschiedlicher Meinung sind, würde ich noch gelten lassen, aber dass Sie diesen … diesen Mistkerl losschicken und unseren Stall abfackeln lassen, geht entschieden zu weit. Sehen Sie sich vor. Auch in Nevada gilt das Gesetz, und eines Tages wird es Sie zu Fall bringen. Auf Wiedersehen, James.«

Sie stiegen in den Wagen, wendeten vor dem Rancher und fuhren vom Hof. Im Vorbeifahren sah Peggy das Gesicht von Marty Rockwell an einem der Fenster auftauchen. Seine ängstliche Miene verriet ihr, dass er sich nicht traute seinem Vater zu widersprechen. Dass er sie gewarnt hatte, war schon das Äußerste gewesen, das er gewagt hatte. Immerhin hatte ihre erhöhte Aufmerksamkeit dazu geführt, dass sie rechtzeitig beim Stall gewesen war und die beiden Pferde gerettet hatte.

»Einen wie Rockwell kann man nicht ändern«, sagte Annie, als sie auf den Highway bogen. »Der ist sturer als einer seiner Bullen. Um sein Ziel zu erreichen, würde er sich auch mit dem Teufel einlassen und ihm einen guten Preis bezahlen.«

Charlie überholte einen Traktor und schien in Gedanken versunken. »Manchmal frage ich mich, ob es die Sache wirklich wert ist, Annie. Du arbeitest Tag und Nacht, um dieses neue Gesetz durchzubringen, ohne dass die hohen Herren in Washington etwas unternehmen, und machst dich beinahe kaputt dabei, und alles, was wir dafür bekommen, sind die Beschimpfungen und der Spott einiger Leute und ein abgebrannter Stall. Hast du schon mal daran gedacht, aufzugeben?«

»Niemals!«, riefen Peggy und Annie gleichzeitig.

»Niemals«, wiederholte Annie etwas leiser, »dieses Gesetz ist meine Lebensaufgabe. Ich könnte es nicht ertragen, wenn die grausame Jagd mit Flugzeugen und Trucks weitergehen würde. Wir stehen kurz vor dem Durchbruch, Charlie. Hast du die Briefe der Kinder gelesen? Mit welcher Begeisterung sie mich unterstützen? Was meinst du, wie viele Briefe sie an die Kongressabgeordneten geschrieben haben? Wie viele Zeitungen darauf angesprungen sind? Wir bekommen immer mehr Hilfe. Es kann nicht mehr lange daucrn, Charlie. Nach der Sommerpause geht das Gesetz durch. Du musst daran glauben.«

»Wenn ich sehe, worauf du alles verzichtest, fällt es

171

mir manchmal schwer. Die Mustangjäger haben eine starke Lobby, auch in Washington. Erwarte nicht zu viel vom Kongress. Ich möchte nicht, dass du irgendwann enttäuscht wirst, Annie.«

»Wir schaffen es, Charlie. Gemeinsam schaffen wir es.«

Bei der heimatlichen Ranch angekommen stieg Peggy aus.

»Ich hab noch was in der Stadt zu erledigen«, sagte Charlie. »Du weißt schon, wegen der Adoption. Ich komme heute Abend mit Annie zurück. Sag Donna, dass wir sie lieb haben.«

»Mach ich, Charlie. Bis zum Abend.«

Den Vormittag verbrachten Peggy und Donna mit den Pferden. Sie ritten am Flussufer entlang, genossen die Morgensonne und kehrten kurz vor Mittag auf die Ranch zurück. Während des Mittagessens, es gab Cheese-Maccaroni, klingelte das Telefon. Tante Martha ging dran. »Charlie? Nein, der ist nicht hier. Der ist in Reno, irgendwas besorgen. Annie auch nicht … nein. Peggy? Ja, einen Augenblick …« Sie hielt ihr den Hörer hin. »Für dich, Peggy. Lura Tularski.«

»Ja?«, meldete Peggy sich.

»Lura Tularski vom *Journal*«, erwiderte die Journalistin. »Gut, dass ich Sie erwische. Ich habe einen Artikel über Sie geschrieben. ›Wenn einer die hübsche Texanerin schlagen kann, dann Peggy Corbett aus Billings, Montana.‹ Stimmt doch, oder? Charlie deutete an, dass

172

Sie sich für das Rodeo in Las Vegas melden wollen. Das wäre natürlich eine Riesensache …«

»Das stimmt … aber ob ich Dixie schlagen kann, weiß ich nicht.«

»Machen Sie mir keinen Kummer. Wenn Sie gegen die Texanerin gewinnen, bekomme ich eine Doppelseite. Das wäre fast so schön wie ein Exklusiv-Interview mit Elvis Presley.« Luras Stimme wurde ernst. »Aber deswegen rufe ich nicht an. Kann sein, dass jemand mithört, aber das ist mir inzwischen egal. Ich hab schon versucht Annie zu erreichen. Sie ist nicht im Büro. Ich nehme an, sie ist mit Charlie unterwegs. Aber Sie sollten es vielleicht auch wissen: Heute Nachmittag soll angeblich eine Mustangjagd stattfinden. Nördlich von Wadsworth im Horseshoe Canyon. Eine ziemlich abgelegene Schlucht. Von der Rockwell-Ranch kommt man mit dem Auto hin, aber wie ich Annie kenne, reitet sie lieber. Es gibt da einen alten Indianerpfad. Am Truckee River entlang nach Osten und durch die schwarzen Felsen bis zur Schlucht. Sagen Sie ihr Bescheid, wenn Sie nach Hause kommt? Ich weiß nicht, ob meine Quelle zuverlässig ist, ein junger Mann, der noch nie zuvor bei mir angerufen hat, aber wer weiß?«

»Das mache ich gerne«, versprach Peggy. »Vielleicht klappt es ja diesmal.« Sie verabschiedete sich von der Journalistin und legte den Hörer auf. Marty, schoss es ihr durch den Kopf, der Anrufer muss Marty gewesen sein.

Natürlich hatte sie längst beschlossen, selbst in die

Schlucht zu reiten. »Ich muss euch leider verlassen«, sagte sie zu Tante Martha und Donna. »Du kümmerst dich um das Fohlen, Donna, ja? Wie lange reitet man zum Horseshoe Canyon, Tante Martha?«

»Eine Stunde … vielleicht auch etwas länger.«

»Dann reite ich lieber gleich los.« Sie ging zum Schrank, in dem Charlie den Fotoapparat aufbewahrte, nahm ihn heraus und zog ihre Jacke an. »Sag Annie und Charlie, dass ich im Horseshoe Canyon bin. Die Mustangjäger sind unterwegs.«

»Du willst …«, begann Tante Martha und setzte nach einer kurzen Pause fort: »Sei bitte vorsichtig!«

»Ich passe schon auf mich auf. Bis später.«

Sie hängte sich den Fotoapparat um den Hals und ging zur Koppel. Dusty war noch gesattelt und wartete am Gatter auf sie. »Geheimauftrag«, begrüßte sie ihn. »Vielleicht können wir Annie einen Gefallen tun. Aber wir müssen aufpassen und ganz leise sein, auch wenn etwas Schlimmes passiert.«

Dusty signalisierte ihr durch ein Schnauben, dass er verstanden hatte. Das hoffte sie jedenfalls, denn wenn sie entdeckt wurden, konnte das böse für sie enden. Nachdem sie Buddy Miller in dem Lokal und auf der Rockwell-Ranch in die Enge getrieben hatten, war der Mustangjäger sicher noch schlechter auf sie zu sprechen. Und ob Marty ihn dann zurückhalten konnte, bezweifelte sie. Auf der Ranch hatte der Junge kein Wort gesagt. Er war nicht mal aus seinem Zimmer ge-

174

kommen. Hatte seelenruhig zugesehen, wie sein Vater alles abgestritten und sie vom Hof gejagt hatte. Von einem jungen Mann, der offensichtlich verabscheute, was sein Vater und die Mustangjäger taten, hätte sie mehr erwartet. Doch nun war sie sicher, dass sie nicht auf ihn zählen konnte.

Auf dem flachen Land östlich der Ranch ließ sie den Wallach laufen. Im gestreckten Galopp jagte sie über die sandigen Flats, den Fotoapparat um den Hals, den Oberkörper weit über den Hals des Tieres gebeugt. Dusty war froh, endlich mal kein Hindernis im Weg zu haben, und zeigte durch ein befreites Schnauben an, wie sehr ihm der Ritt gefiel. Seine dunkle Mähne flatterte im Wind. Erst nördlich von Wadsworth wurde das Land felsiger und unwegsamer, der Pfad schmaler, und Peggy konnte nur noch im Schritt über den schmalen Indianerpfad reiten. Überall ragten seltsam geformte Felsen aus dem trockenen Boden, und sie kam sich wie in einem Irrgarten vor, der kein Anfang und kein Ende hatte.

Erst ungefähr eine Stunde später, als sie lautes Motorengeräusch und den Hufschlag vieler Pferde hörte, erkannte sie, dass sie ihr Ziel erreicht hatte. »Hoffentlich kommen wir nicht zu spät«, sagte sie und trieb Dusty auf ein Felsplateau.

175

15

Peggy zügelte den Wallach und blinzelte in die grelle
Sonne. Sie hatte keine Ahnung, woher das Motorengeräusch kam, bis ein dunkler Schatten über sie fiel und
ein kleines Flugzeug so dicht über sie hinwegraste, dass
Dusty scheute und sie sich mit beiden Händen am Sattelhorn festhalten musste.

»Ho … ganz ruhig, Dusty, es ist schon vorbei.« Sie
lenkte den Wallach vom Klippenrand weg und beruhigte ihn durch sanftes Zureden. »So ist es gut.«

Sie bekam ihr Pferd wieder unter Kontrolle und
blickte dem Flugzeug nach, beobachtete ungläubig, wie
der Pilot die Maschine in eine steile Linkskurve drehte,
hinter einigen Felsen verschwand und am westlichen
Eingang zur Schlucht wieder auftauchte. Er flog so tief,
dass die Räder seiner Cessna fast den Boden berührten,
und trieb ungefähr zwanzig Mustangs vor sich her, darunter drei Fohlen.

Sofort hob Peggy den Fotoapparat hoch. Es war
keine dieser alten Box-Kameras, wie ihre Eltern eine
gehabt hatten, sondern ein neues Modell, das Annie
über Lura Tularski billiger bekommen hatte. Sie blickte durch den Sucher und bekam das Flugzeug und die
Mustangs ins Bild, drückte schnell auf den Auslöser,
um wenigstens einen Beweis zu haben. Schon beim Fotografieren merkte sie, dass der Ausschnitt zu klein war.

176

Sie hängte sich den Apparat wieder um den Hals und ritt auf den steilen Pfad, der sich in zahlreichen Serpentinen bis zum Grund der Schlucht hinunterzog. Die krumm gewachsenen Kiefern und die Dornenbüsche, die auf dem steilen Hang wuchsen, gaben ihr genug Deckung. Weit unter ihr galoppierten die Mustangs in den Canyon, verfolgt von der Cessna, die aber schon wenig später über die Felsen in der Ferne verschwand. Dusty zeigte durch seine angelegten Ohren und ein leises Schnauben, wie nervös er war, beruhigte sich aber nach wenigen Schritten wieder. Peggy lehnte sich weit im Sattel zurück und hielt mühsam ihr Gleichgewicht, verließ sich wie immer in solchen Situationen auf ihren Wallach, der allerdings große Mühe hatte, auf dem steinigen Pfad nicht ins Rutschen zu kommen.

Vor einer steilen Kurve griff sie ihm in die Zügel. Sie spähte durch einige Dornenbüsche hinab und beobachtete, wie die Mustangs nervös in der Schlucht standen und in ihrer Verwirrung nicht wussten, was sie tun sollten. Der Hengst lief vor der Herde auf und ab, schien zu wittern, dass der Angriff des übermächtigen Feindes noch nicht beendet war, und verteidigte seine Stuten mit wütenden Drohgebärden. Er stieg auf der Hinterhand hoch und wieherte laut, als der Pick-up der Mustangjäger im Canyon auftauchte und mit röhrendem Motor auf ihn zu raste.

Peggy drückte erneut auf den Auslöser, aber die Entfernung war noch immer zu groß, und ihr blieb nichts anderes übrig, als ihren Wallach mit den Oberschenkeln anzutreiben und tiefer in die Schlucht zu reiten. In ihrer Hast, möglichst schnell den Grund zu erreichen, feuerte sie Dusty so heftig an, dass er in dem Geröll ausglitt, den Halt verlor und vom Pfad abkam. Nur durch einen beherzten Sprung rettete er sich auf den Trail zurück. Seine Hufe fanden wieder Halt, und Peggy entschuldigte sich bei ihm, indem sie ihm beruhigend auf den Hals klopfte. Sie mahnte sich zur Ruhe und ritt langsamer, konzentrierte sich nur auf den engen Pfad, um sich und den Wallach nicht in unnötige Gefahr zu bringen.

Unten angekommen, lenkte sie ihn hinter ein Gestrüpp und rutschte aus dem Sattel. Die Zügel schlang sie locker um einen Ast. »Warte hier!«, flüsterte sie ihm zu. »Ich bin gleich zurück. Verrate mich nicht, hörst du? Sei ganz leise!«

Sie ließ ihn stehen und schlich geduckt hinter einige Felsbrocken, die unterhalb des steilen Hanges auf dem Boden lagen. Mit dem Rücken presste sie sich gegen den heißen Stein, arbeitete sich langsam nach vorn, bis sie ungehindert in die Schlucht blicken konnte. In einer riesigen Staubwolke raste der Pick-up in den Canyon, und das schreckliche Schauspiel, das sie schon zweimal beobachtet hatte, wiederholte sich von Neuem, nur dass die Mustangs diesmal zur Seite ausbrachen. In ihrer Panik rannten sie an der steilen Wand entlang bis dicht vor Peggys Versteck, wendeten dort

178

und versuchten den gleichen Weg zu nehmen, den sie gekommen waren.

Sie drückte mehrmals auf den Auslöser, bekam die Pferde und den Pick-up groß ins Bild, bis der Staub zu dicht wurde und sie kaum noch etwas sehen konnte. Sie ließ den Fotoapparat von ihrem Hals baumeln und hielt sich beide Hände vor den Mund, hustete mehrmals und war froh, dass die Mustangjäger sie in dem Lärm nicht hören konnten. Hinter ihr schnaubte Dusty, der wohl ahnte, in welcher großen Gefahr seine Artgenossen schwebten. Sie blickte sich nach ihm und stellte erleichtert fest, dass er sich nicht losgerissen hatte. Anscheinend hatte er erkannt, dass die Mustangjäger auch sie bedrohten.

Der Pick-up raste so dicht an ihrem Versteck vorbei, dass die Männer sie gesehen hätten, wenn der Staub nicht so dicht gewesen wäre und sie sich nicht blitzschnell geduckt hätte. Der schaukelnde Wagen verschwand im aufwallenden Sand. Er schnitt den Mustangs den Weg ab und trieb sie erneut in die Schlucht hinein, begleitet von den wilden Anfeuerungsrufen der Männer, die riesigen Spaß an ihrer Jagd zu haben schienen. Ein Schuss krachte, und Peggy beobachtete entsetzt, wie eine der Stuten stürzte, sich mehrmals überschlug und mit abgewinkelten Beinen liegen blieb. Ein Fohlen blieb dicht neben der verletzten Stute stehen. Ein Bild, das sich schon bei der ersten Jagd in ihr Unterbewusstsein gegraben hatte und sich jetzt zu wiederholen schien. Der Drang, zu dem Fohlen zu laufen und es zu beschützen, war so groß, dass sie beinahe ihre Deckung verließ. Stattdessen hob sie weinend den Apparat und fotografierte.

Der Staub hatte sich bereits verzogen, als der Pick-up auftauchte und neben der Stute stehen blieb. Mit wachsendem Entsetzen sah sie zu, wie einer der Männer sein Gewehr hob und auf das Fohlen anlegte. Sie brauchte gar nicht genauer hinzusehen, um zu wissen, dass es sich um Buddy Miller handelte. Er war der skrupelloseste Jäger, der Einzige, dem das Töten wirklichen Spaß zu machen schien. Ron Baxter war es wohl egal, mit welchem Job er sein Geld verdiente. Er war wohl nur dabei, weil die Mustangjagd besser als die Arbeit eines Cowboys bezahlt wurde. Wenn die Rettung der Pferde mehr Profit gebracht hätte, wäre er sogar zu Wild Horse Annie übergelaufen. Santiago, der Mexikaner, fuhr den Pick-up.

Und Marty Rockwell?

Sie ließ den Fotoapparat sinken und sah ihn zwischen Buddy Miller und Ron Baxter auf der Ladefläche stehen, den Rücken gegen das Fahrerhaus gestemmt, ein Lasso in beiden Händen. »Verdammt, Buddy, musst du ständig auf die Mustangs schießen? Wir kriegen sie auch so. Lass wenigstens das Fohlen am Leben!«, schrie er.

»Ja, lass das! Schade um die Kugel«, stimmte ihm Ron Baxter zu. »Lass uns die Klepper einfangen und verschwinden!« Er beugte sich zum Fahrerhaus hinunter. »Fahr weiter!«

»Untersteh dich!«, warnte Buddy Miller ihn.

Peggy sah mit klopfendem Herzen zu, hätte am liebsten laut gerufen: Nimm das Gewehr runter, du Mistkerl! Lass das arme Fohlen am Leben! Marty, warum tust du denn nichts? Doch sie schwieg, die Augen voller Tränen, blieb wie versteinert in ihrem Versteck stehen. Marty, um Himmels willen, tu was! Bitte, tu was!

Buddy Miller drückte den Abzug durch. Die Kugel drang dem Fohlen in die Stirn, riss es unsanft von den Beinen und ließ es auf seine verletzte Mutter stürzen. Peggy glaubte Schmerz und das Entsetzen in den Augen der Stute zu sehen und hätte beinahe laut geschrien, hielt sich gerade noch zurück. Erst jetzt riss sie den Apparat hoch und nahm die Szene auf: Buddy Miller, wie er grinsend mit seiner Waffe auf der Ladefläche stand. Die Stute und ihr Fohlen, dem Tod hilflos ausgeliefert. Ron Baxter, der nur den Kopf schüttelte und irgendetwas sagte, das sie nicht verstand. Marty, der nichts unternahm, nicht einmal etwas sagte.

»Fahr endlich weiter!«, rief Ron Baxter dem Mexikaner zu. »Oder wollt ihr den ganzen Nachmittag im Canyon bleiben? Lasst uns die verdammten Viecher einfangen und verschwinden! Wo bleiben nur Bill und Jimmy mit dem Lastwagen?«

Santiago trat aufs Gaspedal und folgte den Mustangs. Wie in einem bösen Traum gefangen verfolgte

Peggy, wie sich die Szenen der ersten Jagden wiederholten. Wie sich die Lassoschlingen über die Köpfe der Mustangs senkten und zusammenzogen, wie die Autoreifen von der Ladefläche rutschten, fest mit den Lassos verbunden, und hinter den fliehenden Pferden herschleiften, sie so ermüdeten, dass sie schon nach kurzer Zeit keuchend stehen blieben. Wie Buddy Miller auf die Mustangs schoss, um sie noch mehr in Panik zu versetzen und noch schneller ermüden zu lassen. Sie fotografierte, wie der Lastwagen kam und die gefangenen Pferde auf die Ladefläche gezogen wurden, und beobachtete durch den Sucher, wie Buddy Miller einen Schritt nach vorn trat und in ihre Richtung blickte, als hätte sie sich zu weit aus ihrer Deckung gewagt.

Sie fluchte leise und lief zu ihrem Wallach zurück. »Lass uns verschwinden, Dusty! Ich glaube, sie haben uns entdeckt!« Peggy griff nach den Zügeln und führte das Pferd von dem Gestrüpp weg, drehte es, um leichter in den Sattel steigen zu können. Dusty benahm sich etwas störrisch, schüttelte unwillig den Kopf, als hätte er gesehen, was mit der Stute und dem Fohlen geschehen war. »Wir müssen uns beeilen!«

Sie hatte die Hände schon am Sattelhorn, als sie Schritte hinter sich hörte und dann eine Stimme. »Ah, wen haben wir denn da?«, fragte Buddy Miller spöttisch. »Annies kleine Tierschützerin. Hattest wohl Sehnsucht nach deinen neuen Freunden!«

»Lassen Sie mich in Ruhe, sie gemeiner Verbrecher!«, erwiderte sie.

Er lachte. »Immer noch besser ein Verbrecher als eine Spionin. Du weißt doch, was sie mit Spionen im Krieg gemacht haben. Sogar Frauen haben sie hingerichtet.«

»Sie werden mir nichts tun!«, sagte sie.

»He, was hast du denn da um den Hals hängen? Sag bloß, das ist ein Fotoapparat! Damit willst du wohl Stimmung gegen uns machen! Uns den schönen Job versauen!« Sie stand immer noch mit dem Rücken zu ihm und hörte, wie er näher kam. »Her mit dem Ding, aber ein bisschen plötzlich! Gib mir den Apparat!«

»Und wenn ich es nicht tue?«

»Brenne ich dir ein Loch in deinen hübschen Hintern!«

»Das wagen Sie nicht!«

»Mag sein, aber wie wär's mit deinem Gaul? Du hängst doch an dem verdammten Vich, stimmt's? Wie wär's, wenn wir ihn zu den Mustangs auf den Lastwagen schaffen und auch zu Hundefutter verarbeiten? Ich brauche nur abzudrücken. Eine Kugel in den Hals und er ist geliefert, so wie das kleine Fohlen.«

Peggy ließ sich nicht provozieren. Sie geriet auch nicht in Panik, war plötzlich ganz ruhig und gefasst, als würde ihr eine geheimnisvolle Macht die Kraft geben, die bedrohliche Situation in aller Ruhe zu überdenken und nach einem Ausweg zu suchen.

»Schon gut, ich geb Ihnen den Apparat ja«, sagte

sie, um etwas Zeit zu gewinnen. Der rettende Einfall kam ihr, als sie den Ledergurt des Fotoapparats über ihren Kopf zog. Sie hängte ihn blitzschnell ans Sattelhorn, schlug ihrem Wallach mit der flachen Hand aufs Hinterteil und rief: »Lauf, Dusty, lauf nach Hause und bring den Apparat zu Annie und Charlie!« Die Wucht des Schlages riss sie von den Beinen und ließ sie zu Boden stürzen.

Buddy Miller schoss augenblicklich auf Dusty, zielte aber in der Eile ungenau und verfehlte den Wallach. Eine weitere Kugel erwischte das Tier am linken Ohr, riss einen Hautfetzen heraus und ließ es noch schneller laufen. Von Panik und Angst getrieben galoppierte es den Pfad hinauf, war schon nach wenigen Galoppsprüngen so gut durch die Krüppelkiefern und das Gestrüpp gedeckt, dass es vor den Kugeln des Mustangjägers sicher war. Dusty würde zur Ranch laufen, da war Peggy ganz sicher. Er würde Annie und Charlie den Film bringen und Hilfe holen.

Buddy Miller stieß einen deftigen Fluch aus und hätte vor Wut beinahe sein Gewehr ins Gestrüpp geworfen. Stattdessen packte er Peggy am Arm, riss sie unsanft vom Boden hoch und zerrte sie zu den anderen Jägern.

»Was soll der Blödsinn?«, empfing ihn Ron Baxter.

Marty stand nur da und sagte gar nichts.

»Die Kleine hat uns fotografiert«, stieß Buddy Miller wütend hervor. »Und als ich ihr den Apparat wegnehmen wollte, hat sie ihn ans Sattelhorn ihres verdammten Gauls gehängt und ihn den Pfad hochgejagt. Mit dem Wagen kommen wir da nicht hoch, und bis wir außen rumgefahren sind, ist der Gaul längst auf der Ranch!«

»Lass sie los!«, sagte Marty endlich. »Du tust ihr ja weh.«

»Und wenn schon«, erwiderte Buddy Miller abfällig. Er ließ Peggys Arm los und kümmerte sich nicht darum, dass sie unsanft in den Staub fiel.

Marty beugte sich zu ihr herunter und wollte sie hochziehen.

»Lassen Sie mich in Ruhe!«, herrschte sie ihn an.

»Ich will Ihnen doch nur helfen!«

»Wenn Sie mir wirklich helfen wollten, würden Sie bei dieser Schweinerei gar nicht mitmachen!« Sie klopfte sich wütend den Staub aus ihren Kleidern, merkte die Schürfwunden an ihrem Rücken vor lauter Wut gar nicht. »Dann hätten Sie genug Mumm, Ihrem Vater die Meinung zu sagen und hier zu verschwinden!«

»Den Teufel wird er tun«, mischte sich Ron Baxter ein. »Sein Vater würde ihn wie einen verlausten Köter vom Hof jagen, wenn er sich gegen ihn stellen würde. Stimmt's, Marty? Wenn er aufmuckt, bekommt er keinen Penny mehr, dann ist er ärmer als wir beide.«

»Und wenn er bei uns nicht mehr mitmacht, passiert dasselbe«, sagte Buddy Miller. »›Nur ein ganzer Mann verdient es, meine Ranch zu erben‹, das sagt sein Vater.«

185

»Na und?«, blaffte Peggy den Jungen an.

»Lasst sie laufen«, wechselte Marty rasch das Thema. Er vermied es, Peggy anzublicken, wirkte verlegen und schuldbewusst. »Die Fotos nützen Wild Horse Annie sowieso nichts. Wir handeln nach dem Gesetz. Selbst wenn die Bilder in allen Zeitungen erscheinen, kann sie uns nichts anhaben.«

»Hast du 'ne Ahnung«, sagte Ron Baxter. »Diese Annie hat schon so viel Unheil angerichtet, dass ein kleiner Funke genügt, um die Stimmung umschlagen zu lassen. Sie hetzt Schulkinder gegen uns auf, habt ihr das gewusst? Wenn die Zeitungen darüber berichten und die Bilder zeigen, haben wir bald alle gegen uns. Nein, mein Lieber, die Fotos dürfen auf keinen Fall erscheinen. Wir brauchen den Film.«

»Ganz zu schweigen von dem Terror, den dein Vater veranstalten würde«, ergänzte Buddy an Marty gerichtet. »Die skrupellosen Mustangjäger, die auf seiner Ranch ein unschuldiges Fohlen abknallen und seiner Mutter die Beine brechen. Und sein Sohn ist mit dabei! Was meinst du, was er dazu sagen würde? Er würde uns zum Teufel jagen, egal ob die Sache legal ist oder nicht, und dich würde er am nächsten Baum aufknüpfen!«

»Willst du sie etwa entführen? Sie als Geisel nehmen?«

»Unsinn.«

»Das ist Kidnapping, Mann! Darauf steht lebenslänglich!«

»Unsinn, sage ich. Sie kommt freiwillig mit.«

»Ich denke gar nicht daran!«, wehrte Peggy sich entrüstet. Sie wollte weglaufen, aber Buddy Miller hatte sie schon nach wenigen Schritten eingeholt und hielt sie fest. »Lassen Sie mich los, Sie elender Schweinehund!«, schimpfte sie.

»Seht an! Fluchen kann sie auch!«, sagte Buddy Miller grinsend.

»Ich kann noch was ganz anderes«, erwiderte Peggy gereizt. »Ich kann zur Polizei gehen und euch alle anzeigen! Wenn ihr mich nicht sofort gehen lasst, bringe ich euch alle ins Gefängnis, das schwöre ich.« Ihr wütender Blick schien Marty zu sagen: Auch Sie, wenn Sie nicht bald was tun! »Wenn ihr mich kidnappt, kommt das FBI, und ihr wisst ja, was dann passiert! Dann seid ihr für alle Zeiten dran!«

»Sie hat recht«, sagte Marty. »Lasst sie lieber gehen.«

»Sie kommt freiwillig mit, hab ich doch schon gesagt«, wurde Buddy Miller langsam ungeduldig. Er zog Peggy zu sich heran, drehte ihr die Arme auf den Rücken und band ihre Handgelenke mit einem Lederstrick aus seiner Jackentasche zusammen. Die Stricke schnitten so tief in ihre Haut, dass sie vor Schmerzen aufschrie. Ohne sich um Ron Baxter und Marty zu kümmern, die beide nicht mit seinem rauen Vorgehen einverstanden zu sein schienen, stieß er sie auf die Ladefläche des Pick-ups. Sie stolperte und fiel neben einen der übrig gebliebenen Autoreifen.

187

»Was glotzt ihr denn so?«, fuhr Buddy Miller die anderen an. »Ich bring sie schon nicht um. Wir schicken Santiago zu Wild Horse Annie, sie gibt ihm den Film, und noch bevor der Morgen graut, ist die Kleine wieder frei. Keine Beweise, und da niemand etwas passiert ist, kommt auch kein Sheriff oder FBI.«

»Meinetwegen«, ließ sich Ron Baxter breitschlagen, »aber nur, wenn es schnell geht. Morgen früh lassen wir sie laufen, egal ob wir den Film haben oder nicht!«

16

Peggy hatte keine Ahnung, wohin die Mustangjäger sie brachten. Sie lag auf der Ladefläche des Pick-ups, den Kopf auf dem Autoreifen und den Körper auf dem blanken Metall, und schaffte es nicht, über die Heckklappe hinwegzublicken. Jedes Schlagloch und jede Unebenheit ließen sie vor Schmerzen aufstöhnen. Buddy Miller, der neben ihr hockte und lediglich mit seinen ausgestreckten Beinen dafür sorgte, dass sie nicht quer über die Ladefläche geschleudert wurde, dachte nicht daran, ihre Fesseln zu lösen oder wenigstens zu lockern. Er schien sich darüber zu freuen, ihr die Beschimpfungen und Vorwürfe heimzahlen zu können.

Ron Baxter und Marty saßen bei Santiago im Fahrerhaus. Obwohl Peggy sich kaum bewegen konnte, sah sie, wie der Junge durch das schmale Rückfenster blickte, auf den Anführer einredete und ihn wahrscheinlich drängte, sie freizulassen. Ron Baxter reagierte unwirsch. Er ärgerte sich anscheinend darüber, dass Buddy Miller immer mehr das Kommando übernahm und ihr Unternehmen unnötig in Gefahr brachte. Santiago sagte gar nichts.

Als sie den Highway erreichten, warf Buddy Miller eine alte Decke über Peggy. Zumindest von einem Lastwagen aus hätte man sie sonst entdecken können. Beim Anblick einer jungen Frau mit gefesselten Händen würde der Fahrer sicher die Polizei alarmieren. Die Decke roch nach Pferdeschweiß und war so staubig, dass sie würgen musste. Vergeblich versuchte sie sich mit den Füßen zu befreien. Jedes Mal, wenn sie ein bisschen Luft bekam, zog Buddy Miller die Decke wieder hoch. Sie hörte ihn lachen und wäre am liebsten mit den Fäusten auf ihn losgegangen.

Selbst unter der Decke merkte sie, dass es immer dunkler wurde. Sie fuhren über den Highway nach Osten, so viel war ihr klar, in die endlose Wüste jenseits von Wadsworth. Einsames Land, in dem kaum jemand unterwegs war. Ihre Hände waren beinahe taub, die Handgelenke brannten, und die unbequeme Lage ließ sie jeden Muskel spüren. Der Gestank und die stickige Luft unter der Decke waren kaum auszuhalten.

Sie bogen nach links auf eine holprige und von zahlreichen Schlaglöchern übersäte Asphaltstraße ab. Anscheinend eine alte Landstraße, die durch den neuen Highway ersetzt worden war und kaum noch befahren wurde. Buddy Miller zog die Pferdedecke von ihrem Gesicht. Sie atmete tief durch, genoss die frische Wüstenluft, die immer noch von der Sonne aufgeheizt war. Schon in ein oder zwei Stunden würde es bitterkalt werden. Sie rollte sich weiter nach links, um nicht auf ihren gefesselten Händen zu liegen, und berührte mit ihrem Mund den alten Autoreifen, schmeckte den schmutzigen Gummi. Zumindest Santiago schien ein Einsehen mit ihr zu haben. Er fuhr jetzt langsamer und steuerte den Pick-up vorsichtig um die Schlaglöcher und den aufgerissenen Asphalt herum.

Nach weiteren zwanzig Minuten hatten sie ihr Ziel erreicht. Der Mexikaner bremste auf Sand und Geröll. Ron Baxter öffnete die Heckklappe, dahinter tauchte Martys besorgtes Gesicht auf. Buddy Miller zog sie am Oberarm hoch und schob sie über die Ladefläche, ließ sie in die Arme des Anführers fallen, der sie an den Hüften packte und so lange festhielt, bis sie ihre Benommenheit abgeschüttelt hatte. Die Fahrt hatte ihr stark zugesetzt. Es gab keine Stelle an ihrem Körper, die nicht schmerzte, und sie wagte gar nicht daran zu denken, wie er am nächsten Morgen aussehen würde. Die blauen Flecken würde sie gar nicht zählen können. Und die Striemen an ihren Handgelenken würden sie wohl noch einige Tage an dieses schreckliche Erlebnis erinnern. Wenn ihre Vermutung richtig war und nichts Schlimmeres geschah. Wenn sie unversehrt freikam.

Sie standen vor dem verfallenen Gebäude einer Tankstelle. Die Fenster waren eingeschlagen, die Tür hing aus den Angeln. Die Reste des lehmfarbenen Verputzes, der mexikanischen Adobe-Lehm vortäuschen sollte, waren brüchig. Über der Tür hing noch ein vergilbtes Texaco-Schild. Etwas weiter entfernt stand ein eingestürzter Schuppen, anscheinend die Toilette. Im schwindenden Tageslicht sahen die Gebäude sauberer aus, als sie es waren. Vor dem Haus waren noch die Sockel der beiden Zapfsäulen zu erkennen. Ein rostiger Eimer lag herum.

»Und hier sind wir sicher?«, fragte Ron Baxter misstrauisch.

»Hier kommt kaum noch jemand vorbei«, antwortete Buddy Miller.

»Das stimmt«, sagte Marty, der in der Gegend groß geworden war und es am besten wissen musste. »Über die Straße fährt schon seit ein paar Jahren kaum jemand mehr. Manchmal kommen Jugendliche zum Feiern her, aber sonst ist hier tote Hose.« Er blickte Peggy an. »Können wir ihr nicht die Fesseln abnehmen?«

Buddy Miller schüttelte den Kopf. »Die Fesseln bleiben … ist sicherer. Dic bringt es fertig und denkt sich irgendeine Schweinerei aus, wenn wir die Verständnisvollen spielen. Bei der Sache gehe ich kein Risiko ein. Wir brauchen den Film.«

»Dann mach sie wenigstens etwas lockerer.«

»Hör endlich mit dem Gewinsel auf!«, wies Buddy Miller den Jungen zurecht. »Und schlag sie dir gleich wieder aus dem Kopf, falls du einen Narren an ihr gefressen hast. Die fängt bestimmt nichts mit dem Sohn von James Rockwell an.«

»Schaff sie ins Haus!«, sagte Ron Baxter zu ihm, wohl auch, um Buddy daran zu erinnern, dass er der Anführer der Mustangjäger war. »Nimm die Pferdedecke mit, damit sie etwas bequemer liegt. Wir sind keine Unmenschen.« Er wandte sich an Peggy. »Keine Angst, sobald wir den Film haben, bringen wir Sie nach Reno.«

Buddy Miller schnappte sich die Pferdedecke und brachte sie in das Gebäude. Dort stank es so bestialisch, dass sie sich beinahe übergeben musste. Anscheinend hatten sich die Jugendlichen, von denen Marty gesprochen hatte, in der Tankstelle erleichtert und übergeben. Unter ihren Stiefeln knirschten Scherben. Einige Mäuse huschten über den Boden und verschwanden durch einen Spalt im Mauerwerk. In einer Seitenwand klaffte ein großes Loch und ließ wenigstens ein bisschen frische Luft und Licht herein. »Setz dich«, befahl der Mustangjäger.

Sie ließ sich neben der Wand nieder, die gefesselten Hände gegen einen herabgefallenes Trümmerstück gelehnt. Ihr verachtungsvoller Blick folgte Buddy Miller, der ohne ein Wort zu den anderen Mustangjägern zurückkehrte. »Lass uns die Sache so schnell wie möglich

192

hinter uns bringen«, hörte sie ihn zu Ron Baxter sagen. Inzwischen hatte er wohl auch Angst, wegen Kidnappings angeklagt zu werden, eines Kapitalverbrechens, das sehr streng bestraft wurde.

»Santiago ist auf dem Sprung«, antwortete der Anführer. »Er fährt zu Wild Horse Annies Ranch und sagt ihr, dass Peggy sich freuen würde, den Film wiederzubekommen. Immerhin ist sie freiwillig hier. Wenn Annie mitspielt und Santiago sich ein bisschen beeilt, könnte er in zwei, drei Stunden wieder hier sein.«

Kaum hatte er ausgesprochen, sprang der Motor des Pick-ups an, und sie hörte, wie der Mexikaner davonfuhr. Falls Dusty bis zur Ranch gelaufen war, würde Annie ihm den Film aushändigen, das war sicher. Sie würde bestimmt nicht riskieren, dass die Mustangjäger Peggy etwas antaten, auch wenn ihr Einsatz dann umsonst gewesen war. Solche Bilder würden sie nie wieder bekommen, denn selbst Buddy Miller würde in Zukunft vorsichtiger sein und sich hüten, ein mutterloses Fohlen vor Zeugen abzuknallen. Diese schlechte Publicity konnten sich weder James Rockwell noch die Regierung leisten. Wenn man die Grausamkeiten belegen konnte, würden bald alle Amerikaner nach einem Gesetz verlangen.

»Wir hätten sie nicht entführen sollen«, sagte Marty, als das Motorengeräusch verklungen war. »Das Risiko ist viel zu groß. Mit dem Sheriff käme mein Vater vielleicht zurecht, aber wenn Annie das FBI alarmiert, sind wir alle geliefert.«

»Bis dahin haben wir den Film längst vernichtet. Keine Spuren, kein Fall für das FBI. Und wenn sie uns verraten will, knallen wir ihren Gaul ab, das tut so einer verrückten Pferdefreundin noch mehr weh, als wenn wir sie verprügeln würden.« Er erhob seine Stimme. »Hast du gehört, Mädchen? Wir knallen deinen Gaul ab und verfüttern ihn an Hunde und Katzen, falls du redest. Keine Angst, wir erwischen ihn, und wenn du ihn noch so gut versteckst. Hast du kapiert?«

»Ihr werdet ihm nichts tun!«, erwiderte sie.

»Oh doch!«, rief er nur.

Die Männer blieben vor dem Gebäude stehen, auch wenn sie in der zunehmenden Dunkelheit immer mehr froren. Sie sprachen jetzt so leise, dass Peggy nur noch einzelne Wörter verstand, die wenig Sinn ergaben. Sie rückte etwas zur Seite, um sie durch die aufgebrochene Tür zu beobachten, und sah, dass Ron Baxter und Buddy Miller rauchten. Als Marty sich der Tür näherte, um mit ihr zu sprechen, pfiffen die anderen ihn sofort zurück. Offensichtlich trauten sie ihm nicht.

Marty war ihre einzige Chance, vorzeitig aus diesem schrecklichen Verlies zu entkommen. Er hatte etwas für sie übrig, das hatte sie längst gemerkt, und obwohl sie sich bisher dagegen gewehrt hatte, ihn liebenswert zu finden, musste sie sich eingestehen, dass auch sie ihn sympathisch fand. Daran waren vor allem seine blauen Augen schuld und der liebevolle Ausdruck, mit dem er sie auf dem Berghang angesehen hatte. So langsam verstand sie auch, warum er noch immer mit den Mustangjägern unterwegs war. Sein Vater war ein starker und unnachgiebiger Mann, der nicht zu dulden schien, wenn sich jemand außerhalb der Tradition seiner Familie bewegte. Ein Musiker wie Pat Boone oder Elvis Presley? Undenkbar für einen ernsten und gottesfürchtigen Mann wie James Rockwell. Wenn er sich weigerte, würde sein Vater ihn für alle Zeiten verstoßen.

»Oh, Shit! Da kommt jemand!«, hörte sie plötzlich Ron Baxter rufen.

»Wahrscheinlich Typen, die einen saufen wollen«, sagte Marty.

Buddy Miller sagte gar nichts, erschien aber gleich darauf mit einem schmutzigen Lumpen in dem düsteren Raum, in den er Peggy gebracht hatte. Er stopfte ihr den widerlichen Fetzen in den Mund. Sie schnappte verzweifelt nach Luft, versuchte vergeblich den Knebel mit der Zunge hinauszustoßen und schaffte es erst nach einigen Versuchen, ruhig und regelmäßig durch die Nase zu atmen.

Der Wagen mit den Jugendlichen hielt am Straßenrand. Durch einen Spalt der offen stehenden Tür beobachtete sie, wie zwei Jungen und zwei Mädchen ausstiegen, um die siebzehn und fein gekleidet, als würden sie von einem Schulball kommen, und alle vier bereits leicht angetrunken. Der Fahrer des chromblitzenden Buick hatte seine fettigen Haare zu einem Entenschwanz geformt, der andere Junge trug eine Hornbrille, und die Mädchen waren blonder als die Monroe und kicherten unentwegt.

»Na, wo soll's denn hingehen?«, fragte Ron Baxter freundlich.

»Wo-Wohin wohl?«, stammelte der Fahrer. Er war stärker angetrunken, als Peggy gedacht hatte. »In die ge-gemütliche Hütte da, da ist … ist es viel bequemer als auf dem Rücksitz … wi-wir haben De-Decken da-bei, wi-wissen Sie …«

Die Mädchen kicherten immer noch.

»Also, das ist keine besonders gute Idee«, erwiderte der Mustangjäger. »In dem Haus gibt es Ratten und Schlangen und so was, da ist es bestimmt nicht gemüt-lich, und außerdem bekommst du in deinem Zustand sowieso keinen mehr … nun ja, mein Lieber … ich glaube nicht, dass ihr besonders viel Spaß haben wür-det.«

Buddy Miller stellte sich dem Jungen in den Weg. »Ich hab eine bessere Idee, Daddy-O. Du packst die-se Kichererbsen auf den Rücksitz, lässt deinen Kumpel mit der Brille ans Steuer, weil du sonst im Knast lan-dest, wenn dich die Polizei erwischt, und machst ganz schnell, dass du wegkommst. Verstanden?«

»Aber wir haben do-doch noch gar nicht an-ange-fangen«, begehrte der Junge auf. »Ich wi-will noch nicht umkehren!« Er versuchte sich an dem Mustangjä-ger vorbeizudrängen und lief wie gegen eine Wand. Mit dem ausgestreckten Arm drängte Buddy Miller

196

ihn zu den anderen zurück. »Bist du schwerhörig, Daddy-O?«

»Wa-Warum nennst du mi-mich immer Daddy-O, Mann?«

»Weil du mich an einen Schwachkopf erinnerst, der genauso hieß«, klärte Buddy Miller ihn auf. »Und jetzt verschwindet endlich oder muss ich böse werden?«

Ein dunkler Schatten erschien in der Tür zu Peggys Gefängnis. Marty Rockwell. Er hatte die Begegnung mit den Jugendlichen genutzt, um sich wegzuschleichen und zu ihr in das verfallene Gebäude zu kommen. »Wir haben nicht viel Zeit«, flüsterte er. Er zog ihr den Knebel aus dem Mund und schnitt die Fesseln durch. »Laufen Sie zum Highway! In einer halben Stunde sind Sie dort.«

»Sollen … wir … nicht lieber auf den Mexikaner warten?«

»Viel zu gefährlich«, erwiderte er. »Ich traue Buddy nicht. Er hat zwar versprochen, dass er Ihnen nichts antut, aber wer weiß, wozu der fähig ist, wenn irgendwas schiefläuft oder Annie das FBI alarmiert. Verschwinden Sie lieber … schnell!«

Von draußen erklang Motorengeräusch. Anscheinend hatten die Jugendlichen den Rat der Mustangjäger befolgt und fuhren davon. Sie blickten beide durch die Tür und sahen, wie der Buick wendete und verschwand. Buddy Miller drehte sich um und rief: »He, Marty! Sag bloß, du bist bei dem Mädchen! Wenn du ihr die Fesseln gelöst hast, schlag ich dich windelweich, verdammtes Aas!«

»Hauen Sie ab!«, raunte Marty ihr zu. »Ich halte sie auf! Beeilen Sie sich!«

Sie stieg durch das große Loch in der Wand und schlich in die dunkle Wüste davon. Nur noch aus weiter Ferne hörte sie, wie Marty den Unschuldigen spielte und Buddy Miller weismachen wollte, dass alles in Ordnung sei. Doch gleich darauf hörte sie den Mustangjäger laut fluchen und schimpfen: »Das hast du nicht umsonst gemacht, du verdammter Bengel!« Ein Augenblick Stille und dann: »He, Ron! Der Scheißkerl hat das Mädchen befreit! Hinterher, schnell!«

Peggy rannte um ihr Leben. Obwohl ihr nach der holprigen Fahrt jede Bewegung wehtat, stürmte sie durch die Nacht, an dem Dornendickicht hinter der verlassenen Tankstelle vorbei und durch den Salbei, der in dieser Gegend besonders dicht wuchs und eine perfekte Deckung bot. Wenn sie sich tief genug duckte, war sie kaum zu sehen. Sie hielt den Kopf gesenkt, nahm in Kauf, dass sie alle paar Schritte gegen einen Ast rannte, aber dafür keine Dornen ins Gesicht bekam. Das Scheinwerferlicht des Buick, in dem die Jugendlichen davonfuhren, zeigte ihr an, wo die Straße war. Wenn sie parallel dazu weiterlief, müsste sie den Highway erreichen.

Ein Kojote tauchte dicht vor ihr auf und rannte in panischer Angst davon, als er sie bemerkte. »Da drüben!«, hörte sie Buddy Miller rufen. »Sie rennt in die

Wüste! Bleib stehen, Mädchen, sei doch vernünftig!«
Die Schatten bewegten sich in die Richtung, in welche
der Kojote verschwunden war, der zottige Bursche hatte wertvolle Zeit für sie herausgeschunden. Unbeachtet
von ihren Verfolgern rannte sie zu der Straße und über
den Asphalt nach Süden. Erst als sie den Highway
schon dicht vor sich sah, hörte sie die Männer in der
Ferne fluchen. »Sie muss zur Straße rüber gerannt sein,
das war ein verdammter Kojote!«

Auf dem Highway herrschte gähnende Leere. Außer
dem schwachen Mondlicht, das sich kaum sichtbar auf
dem dunklen Asphalt spiegelte, war kein Licht zu sehen. Kein rettendes Auto, das sie mitnehmen konnte.
Kein Bus, kein Truck.

Sie drehte sich besorgt um. Noch hatten die Verfolger sie nicht gesehen, aber sie waren bereits verdächtig
nahe. Eine Viertelmeile vielleicht. Wenn sie rannten,
konnten sie in wenigen Minuten am Highway sein.
Dann waren alle Anstrengungen umsonst gewesen,
und wer wusste schon, was Buddy Miller dann mit ihr
anstellte. Sie musste hier weg, so schnell wie möglich.

Zwei helle Punkte tauchten in der Ferne auf, wurden
langsam größer. Zwei Scheinwerfer, ein Auto, endlich!
Sie schickte ein Stoßgebet zum Himmel, dass es rechtzeitig kommen würde. Der Fahrer musste sie mitnehmen, er musste einfach!

»Da ist sie! Auf dem Highway!«, hörte sie Buddy
Miller rufen.

»Verdammt! Da kommt ein Wagen!«

Der Wagen war schneller, als sie gehofft hatte, fuhr so zügig über den Highway, dass er bestimmt nicht halten würde. Wer nahm schon nachts einen Anhalter mit? Wer ging dieses Risiko ein?

Buddy Miller und Ron Baxter kamen immer näher.

Sie beschloss, es darauf ankommen zu lassen, und trat mitten auf die Straße. Mit ausgebreiteten Armen blieb sie stehen, als könnte sie den näher kommenden Wagen dadurch zwingen, vor ihr anzuhalten. Vor Angst schloss sie die Augen.

Bremsen quietschten, Reifen jaulten, dann hielt der Wagen dicht neben ihr.

Sie riss die Tür auf und sprang auf den Beifahrersitz. »Fahren Sie!«, rief sie dem verdutzten Fahrer zu. »Nun fahren Sie doch endlich! Schnell, ich werde verfolgt! Die Männer da hinten! Sie wollen mich umbringen! Fahren Sie los!«

Der Fahrer sah die Verfolger kommen und trat das Gaspedal durch.

17

»Was sind das für Männer?«, fragte der Mann am Steuer. Er sah wie ein Geschäftsmann aus, tadellos sitzender Anzug mit gelockerter Krawatte, etwas aufdringliches

Rasierwasser. »Was soll das heißen … sie wollen Sie umbringen?«

Peggy stand immer noch unter Schock. »Die Mustangjäger …«, blieb sie nahe bei der Wahrheit. »Ich hab gesehen, wie sie ein Fohlen erschossen haben. Sie wollten mir einen Denkzettel verpassen, damit ich es nicht weitersage.«

»Mustangjäger?« Er blickte sie genauer an. »Sind Sie etwa …« Er griff nach der Zeitung auf dem Armaturenbrett und hielt sie hoch. »Sie sind Peggy Corbett, nicht wahr? Die Rodeoreiterin. Über Sie steht ein großer Artikel in der Zeitung. Sie wollen Dixie Malone schlagen, stimmt's?«

Peggy griff nach der Zeitung und las die Schlagzeile: »Peggy greift nach den Sternen«. Die ernste Lage, in der sie sich befand, hinderte sie daran, zu lächeln. »Die Zeitungsleute übertreiben gern«, sagte sie. »Um an Dixie Malone vorbeizukommen, muss man schon einen sehr guten Tag erwischen. Sie trainiert in Texas unter Profibedingungen.«

»Ich drücke Ihnen jedenfalls die Daumen«, versicherte der Mann, »nicht nur beim Rodeo. In der Zeitung steht, dass Sie Wild Horse Annie beim Kampf gegen die Mustangjäger helfen. Ich bin auch dafür, dass diese Hetzjagd endlich aufhört. Es muss doch möglich sein, ein Schutzgebiet für die Tiere einzurichten.«

»Dafür kämpft Annie schon seit vielen Jahren«, erwiderte sie. »Sie lässt sich nicht aufhalten!«

Sie fuhren eine Weile schweigend dahin. Peggy lauschte dem leisen Brummen des Motors und dem Singen der Räder auf dem Asphalt, kniff die Augen gegen das grelle Licht der Scheinwerfer zusammen, als ihnen ein Bus entgegen kam.

»Die Männer vorhin«, sagte er nach einer Weile, »wollten die ihnen wirklich was tun?«

Sie wollte ihm nicht die ganze Wahrheit verraten. »Ja, aber wahrscheinlich wollten sie mir nur ein wenig Angst einjagen. Tut mir leid, wenn ich Sie erschreckt habe.«

»Schon gut«, erwiderte er und lächelte stolz. »Meine Frau wird Augen machen, wenn ich ihr erzähle, dass ich einer Freundin von Wild Horse Annie geholfen habe. Sie ist Lehrerin an unserer Highschool und wahnsinnig stolz darauf, einen Brief von ihr bekommen zu haben, auch wenn derselbe Brief an alle Schulen gegangen ist. Sie hat ihre Schüler ein Bild mit Mustangs malen lassen und es zusammen mit einem Brief an unseren Kongressabgeordneten gesandt.«

»Wunderbar«, freute sich Peggy. »Sagen Sie Ihrer Frau und den Kindern einen schönen Gruß, und wir würden uns wahnsinnig über ihre Aktion freuen.«

Wenig später erreichten sie die Abzweigung zur Ranch. Peggy bat den freundlichen Mann anzuhalten und bedankte sich bei ihm. »Alles Gute!«, rief er ihr nach.

Sie wartete, bis der Buick davongefahren war, und machte sich auf den Heimweg. Der Mann hatte ihr angeboten, sie bis zur Ranch zu fahren, aber sie hatte lächelnd abgelehnt und gesagt: »Von hier hab ich nicht mehr weit.« Sie wollte noch ein wenig allein sein, bevor sie Annie und Charlie traf, ihre Gedanken ordnen und sich überlegen, was sie sagen sollte. Die beiden waren sicher böse auf sie, weil sie eigenmächtig gehandelt und sich in große Gefahr gebracht hatte.

Viel Zeit zum Überlegen blieb ihr nicht. Schon an der ersten Biegung kam ihr ein Pick-up entgegen. Sie erkannte gerade noch rechtzeitig, dass es sich um den Wagen der Mustangjäger handelte, und versteckte sich rasch hinter einigen Büschen am Straßenrand. Durch die Zweige und im Mondlicht erkannte sie den Mexikaner hinter dem Steuer. Er wirkte zufrieden. Anscheinend hatte er bekommen, was er wollte. Die dramatischen Bilder, die sie am Nachmittag aufgenommen hatte, waren für immer verloren. Sie fluchte leise. Ihr Ausflug … die Gefahr, in die sie sich begeben hatte … alles umsonst. Aber was war Annie und Charlie schon anderes übrig geblieben?

Sie wartete, bis Santiago weit genug entfernt war, damit er sie nicht zufällig im Rückspiegel erkennen konnte, und verließ dann ihr Versteck. Nachdenklich lief sie weiter. Als sie zur Ranch sah und nach den Lichtern im Haus Ausschau hielt, sah sie einen weiteren Wagen kommen. Wieder ein Pick-up, das hörte sie bereits am lauten Motor. Sie erkannte ihn sofort und winkte mit beiden Armen. Der Wagen hielt neben ihr in einer Staubwolke.

»Peggy!«, rief Annie durch das offene Fenster. »Dir ist nichts passiert! Gott sei Dank!« Sie stieg aus und umarmte sie. »Wir dachten, man hätte dich entführt!«

»Hat Dusty euch den Film gebracht?«, fragte sie aufgeregt.

»Ja … er ist okay. Ihm ist kaum was passiert.«

»Buddy Miller hat ihn erwischt?«

»Ein Streifschuss am Ohr, nicht der Rede wert.«

»Ich wusste, dass er es schaffen würde«, freute sie sich. Sie stieg ein und begrüßte Charlie, griff dankbar nach der Wasserflasche, die er ihr reichte. In wenigen Worten erzählte sie, was passiert war. »Wenn Marty nicht gewesen wäre, läge ich jetzt noch in der Tankstelle.« Sie trank einen Schluck und reichte Charlie die Flasche zurück. »Habt ihr dem Mexikaner den Film gegeben?«

Charlie lächelte hintergründig. »Einen anderen Film. Die Bilder vom letzten Powwow in Carson City und dem Geburtstag von Tante Martha. Von White Lightning waren auch ein paar Motive dabei, aber die waren nicht der Rede wert.« Er deutete in die Dunkelheit. »Wir wollten dem Mexikaner folgen und die Polizei rufen, falls sie dich nicht freilassen würden.« Er klopfte auf das Handschuhfach, in dem Peggy seinen Revolver vermutete. »Zur Not hätte ich etwas nachgeholfen.«

»Ganz schön leichtsinnig. Fast so leichtsinnig wie ich.«

»Du hast getan, was getan werden musste«, sagte Annie. »Wenn du die Mustangjäger auf frischer Tat er-

204

tappt hast, haben wir endlich die Fotos, die wir für unsere Kampagne brauchen.«

Peggy nickte. »Ich habe fotografiert, wie Buddy Miller ein Fohlen erschossen hat. Neben der verletzten Mutterstute. Ich konnte nichts machen, Annie. Oh, es war so furchtbar.«

»Das Fohlen ist nicht umsonst gestorben«, tröstete Annie sie. »Jetzt bin ich sicher, dass wir das Gesetz durchkriegen, sobald der Kongress wieder tagt. Vor einem solchen Foto kann sich niemand verschließen. Okay, sie werden sagen, das war ein Einzelfall, aber auf Dauer kommen sie damit nicht durch. Wir sind dicht dran, Peggy! Wenn es uns gelingt, Senator Baring auf unsere Seite zu ziehen, haben wir es geschafft. Er kommt morgen nach Reno. Gerade rechtzeitig, um sich die Fotos anzusehen.«

»Wollen wir die Männer anzeigen?«, fragte Charlie.

»Wegen Kidnapping?« Peggy schüttelte den Kopf. »Das bringt doch nichts. Wenn Rockwell erfährt, dass sein Sohn dabei war, besorgt er ihm einen teuren Staranwalt und der Prozess zieht sich jahrelang dahin.«

Charlie lächelte. »Du magst diesen Marty und willst nicht, dass ihm der Sheriff unangenehme Fragen stellt, nicht wahr?«

»Ich habe ihn für feige gehalten. Weil er sich von seinem Vater zwingen lässt, bei den Mustangjägern mitzumachen, und weil er zu schwach ist, seinen Traum zu verwirklichen. Aber das war, bevor er mich befreit hat.

Marty ist nicht feige. Er hat nur einige Zeit gebraucht, um zu erkennen, mit welchen Männern er sich eingelassen hat. Ob er es wagt, sich gegen seinen Vater zu stellen, weiß ich nicht.«

Charlie wendete und fuhr zur Ranch zurück. »Er ist ein guter Junge, das habe ich gleich erkannt. Aber was nützt das, bei so einem unnachgiebigen und sturen Vater? Bis der einen Fehler zugibt, fließt der Truckee River in die Berge zurück.«

Vor dem Ranchhaus wünschte Peggy ihren Freunden eine gute Nacht. Sie hatte keinen Hunger, und ihr Abenteuer hatte sie so sehr angestrengt, dass sie unbedingt Schlaf brauchte. Doch die Zeit, ihren besten Freund zu begrüßen und sich bei ihm zu bedanken, nahm sie sich. »Hey, Dusty!«, rief sie, nachdem sie das Gatter geöffnet und ihn umarmt hatte. »Wir haben es beide geschafft. Du warst sehr mutig, weißt du das? Vielen Dank, dass du zu Annie und Charlie zurückgerannt bist. Und der Fotoapparat war nicht mal kaputt. Eine starke Leistung, mein Lieber.« Sie untersuchte sein Ohr und stellte fest, dass ein kleines Stück fehlte. »Und dein neues Ohr macht dich nur noch interessanter. Buddy Miller hat dich kaum erwischt.«

Der Wallach bedankte sich schnaubend für das Kompliment.

»Und jetzt ruh dich ein bisschen aus«, sagte sie. »Wie ich sehe, hast du dich mit Blue Skies und White Lightning angefreundet. Pass ein bisschen auf sie auf, ja?«

206

Peggy verabschiedete sich von dem Wallach und ging in ihr Blockhaus. Sie warf ihre Kleider auf einen Stuhl, stellte sich unter die heiße Dusche und ließ sich dann todmüde auf ihr Bett fallen. Doch zu ihrer eigenen Verwunderung konnte sie nicht einschlafen. Zu viele Gedanken jagten durch ihren Kopf. Die Cessna, die dicht über ihren Kopf gebraust war. Buddy Miller, wie er kaltblütig das Fohlen erschossen hatte. Der stechende Schmerz, der von ihren gefesselten Handgelenken ausgegangen war. Die schmutzige Ruine, in der sie gelegen hatte. Der dreckige Knebel in ihrem Mund. Die Flucht durch die nächtliche Wüste. Der furchtbare Augenblick, als sie allein auf dem verlassenen Highway gestanden hatte. Marty ... und immer wieder Marty Rockwell.

Sie schlug die Decke zurück und setzte sich auf den Bettrand. Erschöpft griff sie nach der Wasserflasche auf ihrem Nachttisch und nahm einen Schluck. Warum konnte sie nicht einschlafen? Sie stand auf und trat ans Fenster, blickte nachdenklich zum Haupthaus hinüber. Im Schlafzimmer von Annie und Charlie brannte noch Licht. Auch sie konnten anscheinend nicht schlafen. Machten sie sich Sorgen wegen der Mustangjäger? Würden die Männer merken, dass sie ihnen den falschen Film gegeben hatten? Entwickeln lassen konnten sie ihn erst am nächsten Morgen. Oder kannten sie jemand, der es noch in dieser Nacht machen würde? Würden sie einen Fotografen oder den Besitzer des Fotoladens in Reno wecken und ihn überreden, den Film sofort zu entwickeln? Zuzutrauen war ihnen alles.

Peggy überlegte. Wenn sie es schafften, den Film noch in dieser Nacht entwickeln zu lassen, konnten die Bilder frühestens in drei Stunden hier sein. Vielleicht erst in vier oder fünf. Jetzt war es noch nicht mal elf. Sie würde ihren Wecker auf zwei Uhr stellen und dann eine Weile das Ranchhaus beobachten, das war sie Annie und Charlie schuldig. Sie hatte ihre Freunde in diese missliche Lage gebracht.

Der Gedanke, dass ihnen im Augenblick keine Gefahr drohte, beruhigte sie und ließ sie einschlafen. Sie träumte wirres Zeug und wälzte sich unruhig von einer Seite auf die andere. Als der Wecker klingelte, griff sie im Halbschlaf danach und stieß ihn vom Nachttisch. Erst viel später schreckte sie wieder aus dem Schlaf. Sie hob den Wecker auf, stellte fest, dass er um zwei Uhr stehen geblieben war, stieg aus dem Bett und blickte auf ihre Armbanduhr. Kurz nach vier Uhr. Sie hastete zum Fenster und blickte zum Haupthaus. Keine Bewegung, kein verdächtiger Schatten, auch das Licht im ersten Stock war erloschen. Sie zog sich dennoch an, schlüpfte in ihre Jacke und trat vor das Blockhaus. Leise schloss sie die Tür.

Sie hatte erst einen Schritt getan, als sie eine Bewegung beim Haus bemerkte. Eine Gestalt stieg aus einem Fenster im Erdgeschoss. Donna, erkannte sie mit Schrecken. Das Mädchen lief genau auf sie zu. Mit we-

208

hendem Nachthemd und fliegenden Haaren rannte sie über den Hof.

»Peggy! Peggy!«, rief sie mit gedämpfter Stimme.

Peggy empfing sie mit ausgebreiteten Armen, hob sie hoch und brachte sie in ihr Blockhaus. »Donna! Weißt du, wie spät es ist?«, fragte sie. »Was ist passiert?«

Donna war viel zu aufgeregt, um in zusammenhängenden Sätzen zu sprechen. »Ein fremder Mann … im Haus … ich hab ihn gesehen … er sucht was … alle Schubladen …« Sie begann zu weinen. »Ich hab Angst … dass er Annie und Charlie was tut … ich glaube, er hat eine Pistole … Ruf die Polizei, Peggy … tu was … schnell!«

Peggy legte das Mädchen in ihr Bett. »Du bleibst hier«, sagte sie zu ihr. »Versprich mir, dass du dich nicht von der Stelle rührst. Egal was passiert. Du verriegelst die Tür hinter mit und bleibst liegen. Du gehst nicht mal ans Fenster, verstanden?«

»Ja, Peggy«, versprach sie kleinlaut.

Peggy küsste sie auf die Stirn und ging. Sie wartete, bis Donna die Tür verriegelt hatte, bevor sie zum Haupthaus hinunterschlich. Buddy Miller, sagte sie sich, der geheimnisvolle Einbrecher konnte nur Buddy Miller sein. Er wusste, dass Annie und Charlie ihn betrogen hatten, und suchte nach dem richtigen Film. Den Pick-up hatte er weiter draußen stehen lassen, um sich nicht zu verraten. Gut möglich, dass Ron Baxter und Santiago auch in der Nähe waren. Oder handel-

209

te Buddy Miller auf eigene Faust? Er hatte das Fohlen erschossen, er würde am meisten unter der Veröffentlichung leiden.

Während sie über den Hof lief, flammte plötzlich Licht im Wohnraum auf. Sie schlich zum Fenster neben der Tür, blickte vorsichtig hindurch und sah Buddy Miller mit erhobenem Revolver vor Annie und Charlie stehen. Beide trugen Nachthemden. In ihren Augen spiegelten sich Wut und Angst. In der offenen Tür rechts von ihnen stand Tante Martha, die Hände erhoben und zitternd vor Angst.

Sie schlich weiter zur Tür, die immer noch angelehnt war, und lauschte.

»Ihr dachtet wohl, wir merken nicht, dass ihr uns den falschen Film gegeben habt. Irrtum, Freunde! Ich hab den Typ vom Drugstore aus dem Bett geklingelt und ihn gezwungen, ihn gleich zu entwickeln.« Sein spöttisches Grinsen gefror. »Ich will den Film haben«, forderte Buddy Miller, »den richtigen Film!«

»Tut mir leid, Miller«, antwortete Charlie. Er klang erstaunlich gefasst. »Den habe ich schon weggeschickt.«

»Erzähl keine Märchen, Klugscheißer!«

»Ich hab ihn dem Mann von der Futtermittelfirma mitgegeben, der heute Abend hier war. Spätestens übermorgen erscheinen die Fotos in der Zeitung. Wenn ich Sie wäre, würde ich so schnell wie möglich aus dieser Gegend verschwinden. Oder wollen Sie, dass wir Ihnen eine Anklage wegen versuchten Raubüberfalls anhängen? Wenn das nicht reicht, könnten wir Ihnen …«

»Halt die Klappe, Indianer!«, schnitt Buddy Miller ihm das Wort ab. »Ich weiß, dass du den Film hast. Du willst mich doch nur verscheißern. Her mit dem Ding!«

»Oder? Wollen Sie uns erschießen?«

»Wenn's sein muss«, erwiderte der Mustangjäger. »Aber ich hab eine bessere Idee. Ich knall einen eurer Gäule ab. Den Klepper des Mädchens, der hat es am ehesten verdient. Hab ich ihr schon heute Nachmittag gesagt.« Durch den Türspalt beobachtete Peggy, wie er mit dem Revolver winkte. »Vorwärts! Ihr geht voraus! Das gilt auch für dich!« Gleich darauf wurde die Tür geöffnet und Annie, Charlie und Tante Martha traten aus dem Haus. Hinter ihnen erschien der Mustangjäger.

Peggy duckte sich rasch in den Schatten neben der Tür und war schon zum Pick-up unterwegs, um Charlies Revolver aus dem Handschuhfach zu holen, als eine dunkle und irgendwie vertraute Stimme erklang: »Jetzt reicht's mir aber, Buddy!«, rief James Rockwell. Er stand in der Einfahrt zum Hof, ein Gewehr in beiden Händen. Sein weißes Haar leuchtete im Mondlicht. »Lass den Revolver fallen und verschwinde! Mein Sohn hat mir erzählt, was ihr mit dem Mädchen gemacht habt. Mir ist egal, wie ihr die Mustangs fangt, das geschieht nach dem Gesetz, und ich bin froh, wenn die Miss-

211

geburten von meinem Land verschwinden. Aber was du jetzt machst, ist gegen das Gesetz, und das kann ich nicht dulden. Also, lass endlich den Revolver fallen und mach, dass du wegkommst! Mustangjäger gibt's wie Sand am Meer, ich brauche dich nicht.«

»Aber ich wollte doch nur …«

»Du sollst verschwinden!«

»Das wird Ihnen noch leidtun!«, rief Buddy Miller. Doch er gehorchte und lief davon, an dem Rancher vorbei zur Schotterstraße. Wenige Sekunden später hörte man den Motor seines Pick-ups aufheulen.

James Rockwell nahm das Gewehr herunter und blickte Annie an. »Und glauben Sie bloß nicht, dass ich meine Meinung geändert habe. Ich will immer noch, dass die Mustangs verschwinden. Auf bald, Annie.«

18

Die düsteren Gewitterwolken, die einige Tage später über Reno hingen, passten nicht zu der guten Laune, die Peggy, Annie und Charlie in ihrem Pick-up verbreiteten. Sie hatten den Country-&-Western-Sender eingestellt und sangen laut mit den Everly Brothers ihr *Wake up, little Susie, wake up.*

»Immer noch besser als *Pretty, pretty, pretty Peggy Sue*«, rief Peggy. Sie saß am Steuer, neben ihr Annie, die den Vormittag freibekommen hatte, und Charlie, der einen Stapel Zeitungen auf dem Schoß liegen hatte und eifrig darin blätterte.

»Nun hört euch das an«, versuchte er die Musik zu übertönen.

Peggy stellte das Radio leiser.

»Mit diesen erschütternden Fotos haben Wild Horse Annie und ihre Helfer bewiesen, wie rücksichtslos und grausam die Mustangjäger gegen die Wildpferde vorgehen. Sie schrecken nicht einmal davor zurück, ein hilfloses Fohlen neben seiner verletzten Mutter kaltblütig niederzuschießen. Wie lange will sich unsere Regierung diesen Frevel noch ansehen? Wann erfüllt sie endlich die Forderungen dieser Frau, die sich seit vielen Jahren für den Erhalt dieser prächtigen Kreaturen einsetzt? Diese skrupellosen Hetzjagden sind einer Nation, die den Schutz des Lebens und der Freiheit in ihrer Verfassung verankert hat, nicht würdig.«

»Und das steht in der *Sacramento Bee*«, freute Annie sich. »Wisst ihr, was das heißt? Die Agenturen haben deine Fotos an alle großen Zeitungen geschickt. New York, Chicago, Los Angeles, Phoenix, Sacramento … nicht nur nach Nevada.«

»Selbst die Zeitungen an der Ostküste haben die Fotos abgedruckt.« Charlie kam gar nicht mehr mit dem Staunen nach. »Wisst ihr, was die *New York Times* und die *Chicago Tribune* für Auflagen haben?«

Der Stapel Zeitungen und Zeitschriften, den die

Agentur mit der Post geschickt hatte, war so hoch, dass Charlie ihn kaum auf dem Schoß halten konnte. »Hier, das *Sierra Magazine*: »Geschichte wird auf unterschiedliche Weise geschrieben. Es ist schon ungewöhnlich, dass eine friedliebende Frau aus Nevada die Welt auf den verklingenden Hufschlag der Mustangherden aufmerksam gemacht hat. Aus dem verzweifelten Wiehern der Pferde machte sie einen Fanfarenstoß des Protestes.« Und seht euch das an: »Zeitungen aus Australien, Indonesien, Schottland. Das hier muss japanisch sein. Überall auf der Welt setzen sie sich für unsere Mustangs ein. Annie, du hast es fast geschafft. Jetzt muss das Gesetz kommen.«

»Wenn es kommt, habt ihr einen großen Anteil daran«, gab Annie das Kompliment zurück. »Welcher Mann setzt sich schon so für das Anliegen seiner Frau ein? Und du, Peggy … ohne deine Fotos wären wir noch lange nicht so weit.« Sie blickte eine Weile nach vorn, als würden die Häuser von Reno, die wie schattenhaft in die Sonne ragten, eine einzigartige Anziehungskraft auf sie ausüben. »Aber wir sind noch nicht am Ziel. Solange der Kongress den Gesetzesvorschlag von Congressman Baring nicht akzeptiert, haben wir nicht gewonnen.«

»Wenn die Abgeordneten diese Berichte lesen, können sie gar nicht mehr anders«, war Charlie optimistisch. »Du wirst sehen, jetzt wird alles gut. Vergiss die Kinder nicht. Die Highschool, in der du heute Morgen sprichst, ist nur eine von vielen. Du hast doch die Briefe gesehen. Fast alle Kinder dieses Landes stehen hinter dir und fast alle haben an den Kongress geschrieben. Erinnerst du dich noch an den Brief des kranken Jungen? Ich kenne ihn auswendig: ›Gegen meine Krankheit gibt es keine Medizin, ich muss sterben. Aber die Mustangs könnten alle leben, wenn die bösen Männer sie nicht einfangen und töten würden.‹ Wusstest du, dass er seinen Brief auch an Präsident Eisenhower geschickt hat? Wenn der nicht sein Herz erweicht …«

Vor der Highschool im Westen der Stadt stiegen sie aus. Annie hatte Peggy eingeladen, zu ihrem Vortrag mitzukommen und selbst ein paar Worte zu sagen. Peggy konnte zwar mit Kindern umgehen, wie sie auf der Ranch bewiesen hatte, doch es war etwas anderes, vor einer ganzen Schule zu sprechen. Trotz ihrer Nervosität hatte sie zugesagt. Wenn es half, das Gesetz voranzutreiben, war sie zu vielem bereit. Nach Annies Rede würden sie mit Gordon Harris zu Mittag essen, er hatte sie alle in ein Steakhaus eingeladen.

In der Highschool warteten die Schüler bereits. Die Cafeteria war bis auf den letzten Platz gefüllt, als der Direktor sie vorstellte: »… und deshalb ist es mir ein großes Vergnügen, euch heute Morgen die Frau anzukündigen, die sich wie keine andere dem Schutz unserer wilden Mustangs verschrieben hat: Wild Horse Annie!«

»Und ich möchte«, kündigte Annie nach ihren einführenden Worten an, »dass meine Mitarbeiterin und gute Freundin Peggy Corbett einige Worte zu euch sagt. Einige von euch kennen Peggy vielleicht schon. Sie ist ein großer Rodeo-Star. Beim letzten Rodeo in Reno hat sie den zweiten Platz im Barrel Racing belegt.«

Peggy war etwas unwohl zumute, als sie vor die vielen Schüler trat, ließ sich aber nichts anmerken. Sie deutete aus dem Fenster. »Seht ihr die Fairgrounds? Wie ihr sicher wisst, findet dort jedes Jahr unser großes Rodeo statt. Ich war vier Zehntelsekunden langsamer als die Siegerin und hatte mir geschworen, sie beim nächsten Rodeo in Carson City zu schlagen. Aber so weit kam ich gar nicht. In den Painted Rocks musste ich zusehen, wie Mustangjäger eine Herde Wildpferde mit einem Flugzeug jagten und mit Lassos einfingen, an die man schwere Autoreifen gebunden hatte. Sie schossen sogar auf die armen Tiere. Sie sagten mir, dass sie die Pferde zum Schlachthof bringen würden, damit man Hunde- und Katzenfutter aus ihnen macht.« Sie sah einige ungläubige Gesichter. »Ihr glaubt mir nicht? Annie wird euch gleich einige Fotos zeigen, die leider beweisen, dass es wahr ist. Ich habe damals beschlossen, die Siegerin von Reno auch beim Rodeo in Carson City gewinnen zu lassen. Erst in Las Vegas werde ich wieder in den Sattel steigen, denn bis dahin hoffen wir, ein neues Gesetz durchzubringen, das diese grausame Mustangjagd verbietet. Aber Annie weiß mehr darüber. Annie …«

Wie jedes Mal bei einem offiziellen Anlass war Annie elegant gekleidet. Das dunkelblaue Kostüm mit den weißen Rüschen, die Schuhe mit den hohen Absätzen und das sorgfältig geschminkte Gesicht ließen sie eher wie eine Geschäftsfrau aus Las Vegas aussehen. Nicht einmal im Traum hätte ein Fremder vermutet, eine Rancherin, die berühmte Wild Horse Annie, vor sich zu haben.

Auch ihre helle und damenhafte Stimme passte nicht zu der Vorstellung, die fast alle Menschen von ihr hatten. »Wisst ihr, wie viele Mustangs es einmal im amerikanischen Westen gab?«, fragte sie und antwortete gleich selbst: »Fünf Millionen! Über fünf Millionen! Inzwischen gibt es nur noch zwanzigtausend Mustangs. Seit dem Zweiten Weltkrieg, der vor vierzehn Jahren zu Ende ging, haben die Mustangjäger über hunderttausend Tiere eingefangen und in die Schlachthöfe gebracht. Über hunderttausend Mustangs! Ist das nicht furchtbar? Sie töten die Mustangs auf noch grausamerc Weise, wie die Jäger im Wilden Westen die Büffel abgeschlachtet haben, und ihr wisst sicher, dass nur wenige Hundert dieser prächtigen Tiere überlebt haben. Wenn wir die Mustangjäger weiter gewähren lassen und nichts gegen das grausame Abschlachten unternehmen, wird es den Mustangs genauso ergehen, dann sind diese stolze Ticrc in wenigen Jahren ausgestorben.«

Sie legte eine kurze Pause ein, um den Kindern die Möglichkeit zu geben, über das Gesagte nachzudenken, dann fuhr sie fort: »Nun werdet ihr sagen, es gibt doch genug Pferde in unserem Land. Warum regt sich diese Wild Horse Annie ausgerechnet über Mustangs auf? Weil die Mustangs ganz besondere Tiere sind. Weil sie, wie vielleicht nur noch die Büffel, für die Ideale stehen, die den amerikanischen Westen für viele Tausend Einwanderer zum begehrten Ziel gemacht haben: die Freiheit des Einzelnen, die Kraft der Mutigen, den Stolz der Menschen, die in diesem wilden Land überlebt haben. Wäre es nicht jammerschade, wenn wir diese prächtigen Tiere nicht mehr bewundern könnten? Wäre es nicht so, als hätten wir unsere eigenen Ideale mit Füßen getreten? Wäre das nicht eine Sünde?«

Annie ließ ihre Worte in der betretenen Stille wirken. »Wie ihr vielleicht wisst, kamen die ersten Pferde mit den Spaniern nach Amerika«, berichtete sie dann. »Hernando Cortés, ein bekannter Konquistador, ein Eroberer, brachte sie an Bord seiner Schiffe in die Neue Welt. Es waren ganz besondere Pferde. Als die Araber in Spanien einfielen, ritten sie auf kleinen und wendigen Pferden, wie sie typisch für den nordafrikanischen Raum waren. Diese Tiere vermischten sich mit den stämmigen Pferden der Spanier und wurden zu einer neuen Rasse, den Andalusiern. Diese Andalusier brachte Cortés nach Amerika mit. Und hätte er diese Pferde nicht gehabt, hätte die amerikanische Geschichte vielleicht einen ganz anderen Verlauf genommen und wir wären womöglich alle gar nicht hier. Denn wie hätten die Spanier sonst die Indianer besiegen können? Diese waren ihnen zahlenmäßig weit überlegen. Nicht mal die Feuerwaffen hätten ihnen was genützt. Nur weil sie beritten und deshalb beweglicher waren, behielten sie die Oberhand. ›Die Pferde waren unsere Rettung‹, notierte Cortés, ›nicht nur Gott, auch die Pferde haben uns geholfen die Eingeborenen zu unterwerfen‹.‹«

Peggy beobachtete, wie aufmerksam die Schüler zuhörten. Keine Selbstverständlichkeit, wenn sie an ihre eigene Schulzeit zurückdachte. Bei einem der Vorträge war sie sogar mal eingeschlafen. Aber Annie verstand es, ihre jungen Zuhörer zu fesseln. Weil sie von dem, was sie sagte, überzeugt war, vermutete Peggy.

»Natürlich wurden auch die Indianer auf die Pferde aufmerksam«, berichtete Annie, »vor allem die Komantschen. Sie merkten schon bald, dass sich die wendigen Reittiere besonders gut für die Büffeljagd eigneten, und stahlen sie den Spaniern. Über die Komantschen kamen sie zu den Sioux und Cheyenne. Aber viele Tiere entkamen den Spaniern und verteilten sich über die weiten Ebenen des Westens. Hier fanden sie ganz andere Lebensbedingungen vor. Sie konnten sich ausschließlich von Gras ernähren, saftigem Gras, wie es auch die Büffel bevorzugten, und wurden noch kräftiger und ausdauernder. ›Büffelpferde‹ nannten die Indianer diese neue Rasse. Die Amerikaner nannten sie ›Mustangs‹. Ein guter Name, der viel über ihre Stärke und ihren Stolz aussagt, meint ihr nicht auch?«

Annie trank einen Schluck von dem Wasser, das ihr

219

der Direktor hingestellt hatte. »Ich will es nicht verschweigen: Auch damals gab es Mustangjäger. Mutige Cowboys, die ihre Pferde mit dem Lasso einfingen und zuritten, aber auch bezahlte Killer, die Mustangs abschossen, weil sie den Ranchern und Schafzüchtern, die immer zahlreicher wurden im Westen, das Gras wegfraßen. Nur die besten und stärksten Tiere blieben übrig und vereinten sich zu den Herden, die heute noch durch unseren Westen streifen. Sind wir nicht geradezu verpflichtet, diese Tiere vor dem Aussterben zu retten? Heute sorgt das Bureau of Land Management dafür, dass Rinder und Schafe genug Gras zum Weiden haben. Ich verdamme die Angestellten des Bureaus nicht, sie tun ihre Arbeit und denken vielleicht gar nicht daran, was sie den Mustangs antun, indem sie die Jagd mit Flugzeugen und Pick-ups erlauben. Natürlich müssen einzelne Tiere getötet werden, so wie ein Jäger in seinem Revier für Ordnung sorgt. Aber der ungeheure Bedarf an Hunde- und Katzenfutter hat das Gleichgewicht erst recht in Unordnung gebracht. Weil der Bedarf so groß ist; und weil man mit Pferdefleisch viel Geld verdienen kann, müssen die Mustangs so schnell wie möglich ins Schlachthaus gebracht werden. Und das geht nur, wenn man Flugzeuge und Trucks einsetzt. Ich sage: Es geht auch anders. Es gibt auch anderes Fleisch, aus dem man Hunde- und Katzenfutter herstellen kann, und es muss nicht sein, dass die Mustangjäger sich durch ihre grausamen Methoden eine goldene Nase verdienen.

Warum arbeiten sie nicht auf einer Ranch wie andere Cowboys auch?«

Annie kam langsam zum Ende. »Ich besitze selbst einen Mustang. Er heißt Hobo, ist inzwischen dreißig Jahre alt, ein biblisches Alter für ein Pferd, und leistet mir immer noch gute Dienste. Ich möchte, dass alle Mustangs diese Chance bekommen. Schreibt an euren Abgeordneten, setzt euch dafür ein, dass diesem sinnlosen Morden ein Ende gemacht wird! Rettet die letzten Mustangs! Danke!«

Der tosende Applaus zeigte Annie, dass sie sich auf die Schüler verlassen konnte. Peggy und Charlie, der sich erfolgreich vor einer kurzen Ansprache gedrückt hatte, umarmten sie liebevoll. Auch der Direktor und die meisten Lehrer bedankten sich bei ihr und wünschten ihr viel Glück bei ihrem weiteren Kampf.

»Jetzt habe ich aber Hunger«, sagte Annie, als sie im Wagen saßen und sie endlich wieder durchatmen konnte. »Wie wär's mit einem dicken T-Bone-Steak?«

Gordon Harris, ihr Chef, traf zur selben Zeit wie sie vor dem Steakhaus ein. In seiner Begleitung war ein elegant gekleideter Mann mit grauen Schläfen, der Annie und Charlie wie gute Freunde begrüßte. »Congressman Walter S. Baring«, stellte er sich bei Peggy vor. »Und Sie sind sicher die Rodeo-Reiterin …«

»Peggy Corbett«, stellte sie sich vor. Sie blickte Baring mit großen Augen an. »Der Abgeordnete, der Annie helfen will das neue Gesetz durchzubringen?«

221

»Noch ist es nicht so weit«, sagte Annie schnell.

»Das besprechen wir am besten bei einem saftigen Steak«, schlug Harris vor. Er öffnete die Tür und ließ seinen Gästen den Vortritt. »Ich habe einen Tisch für uns reservieren lassen.« Er blickte Peggy an. »Kein Heimweh nach dem Rodeo?«

»Sie tritt in Las Vegas an«, antwortete Charlie für sie.

»Bei einem der bedeutendsten Rodeo des Westens?«

»Wo sonst?«, erwiderte sie selbstbewusst.

Nachdem sie bestellt hatten, stießen sie mit Kaffee und Wasser an. »Eigentlich hätte ich Champagner bestellen sollen«, machte es der Congressman spannend, »aber in Anbetracht der Tatsache, dass es draußen so heiß ist und wir heute alle noch arbeiten müssen, bleiben wir wohl besser bei harmlosen Getränken.« Er nahm einen Schluck von seinem Wasser und blickte Annie an. »Ich habe gute Nachrichten, Annie! Washington ist sehr beeindruckt von den vielen Briefen, die vor allem Kinder geschickt haben, und nachdem fast alle große Zeitungen mit diesen schockierenden Fotos aufgemacht haben, ist man grundsätzlich bereit über ein neues Gesetz zu diskutieren. Damit ist das Gesetz noch keine beschlossene Sache, aber ein wichtiger Schritt wäre damit getan. Jetzt kommt es darauf an, vor dem House Judiciary Subcommittee eine gute Figur zu machen. Dieser Ausschuss entscheidet mehr oder weniger, ob ein Gesetzesvorschlag angenommen wird.«

222

»Und Sie müssen diesen Leuten das Gesetz schmackhaft machen?«

»Nicht ich«, erwiderte Baring lächelnd. »Sie, Annie! Sie werden nach Washington fliegen und den Mitgliedern des Komitees erklären, warum wir ein Gesetz zum Schutz der Mustangs brauchen. Das Flugticket stellt Ihnen die Society for Animal Protection zur Verfügung, die Hotelkosten übernimmt die Regierung.«

Annie wusste nicht, was sie sagen sollte. Sie war so erstaunt, dass sie beinahe die Kaffeetasse fallen ließ. »Ich soll nach Washington fliegen?«, sagte sie nach einer langen Pause. »Ich soll vor einem Ausschuss sprechen?« Sie konnte es noch immer nicht fassen, blickte Hilfe suchend ihren Mann und Peggy an. »Aber was soll ich denn sagen? Ich bin doch keine Politikerin.«

Charlie hatte sich schneller von seiner Überraschung erholt und strahlte übers ganze Gesicht. »Das ist leicht. Du hältst dieselbe Rede, die du eben vor den Schülern gehalten hast. Wenn du sie damit nicht packst, weiß ich auch nicht weiter.«

»Aber das sind Politiker. Die wollen Fakten.«

»Und die kannst du ihnen geben«, ermunterte Charlie sie. »Wie viele Mustangs gab es nach dem Zweiten Weltkrieg, wie viele gibt es jetzt noch … ganz zu schweigen von den Fotos, die Peggy aufgenommen hat. Du schaffst das, Annie!«

»Davon bin ich auch überzeugt«, sagte der Congressman. »Sprechen Sie so wie immer. Versuchen Sie bloß

223

nicht, wie ein Politiker zu klingen. Und scheuen Sie sich nicht, auch an das Gefühl der Ausschussmitglieder zu appellieren. Zeigen Sie ihnen die Fotos! Erzählen Sie, was Sie gesehen haben! Reden Sie Klartext!«

»So wie ich immer spreche?«

»Sie können sehr überzeugend sein, Annie, das wissen Sie doch«, meldete sich ihr Chef zu Wort. »Ich zahle Ihnen sogar einen Bonus, damit Sie in Washington die Kaufhäuser unsicher machen können. Bezahlten Urlaub bekommen Sie auch.«

»So einen Chef möchte ich auch mal haben«, sagt Peggy.

Harris lachte. »Sagen Sie das nicht. Ich bin nicht immer so.«

»Und wann soll ich fliegen?«, fragte Annie.

»Morgen früh«, antwortete Baring. Er zog einen Umschlag aus der Tasche und reichte ihn ihr. »Ihr Flugticket. Ich werde Sie nach Washington begleiten und im Ausschuss neben Ihnen sitzen. Und wenn wir alles glücklich überstanden haben, würden sich meine Frau und ich sehr glücklich schätzen, Sie zum Dinner einzuladen.« Er wandte sich an Charlie. »Sie kommen doch zwei Tage ohne sie aus?«

»Wir werden die Daumen drücken«, versprach Peggy.

»Ach ja, noch was«, sagte der Congressman, als das Essen kam. »Ich habe ein Wort beim Jugendamt für Sie einlegen können. Man ist einverstanden, dass Donna bis auf Weiteres bei ihnen bleibt. Die Tante hat auf das Sorgerecht verzichtet.«

Charlie umarmte Annie, die nun mit den Tränen kämpfte. »Jetzt schmeckt mir das Steak gleich noch besser!«, sagte sie dann.

19

Peggy und Charlie blickten der viermotorigen Maschine nach, bis sie nicht mehr zu sehen war. Ein bisschen wehmütig, weil Annie zwei Tage in der Ferne verbringen würde, aber auch voller Hoffnung kehrten sie zum Pick-up vor dem Flughafen zurück. Am nächsten Tag würde der Ausschuss in Washington entscheiden, ob das Gesetz durch den Kongress gehen würde.

Es war noch früh am Morgen, und die Häuser der Innenstadt warfen lange Schatten, als sie vor einem Supermarkt am Stadtrand hielten. Sie kauften die Lebensmittel, die Tante Martha auf einen Zettel geschrieben hatte, teilten sich eine Flasche Cola, die sie noch vor dem Laden austranken, und fuhren auf den Highway nach Osten. Die Morgensonne ließ die Felsen in sanften Farben leuchten.

»Schade, dass ich nicht dabei sein kann«, sagte Charlie unterwegs. »Wie ich Annie kenne, wird sie den hohen Herren in Washington ganz schön einheizen.«

»Meinst du, sie trifft den Präsidenten?«

»Eisenhower? Das kann ich mir nicht vorstellen.«

Peggy lachte. »Annie sorgt schon dafür, dass die Mustangs ganz oben auf seiner Tagesordnung stehen. Was meinst du, was morgen früh in der *Washington Post* steht?«

»Ich kann's mir denken.«

Peggy saß wieder hinterm Steuer. Sie hatte die Sonnenblende hochgeklappt und blinzelte in das Licht, das durch das Seitenfenster fiel. Ein junges Paar in einem offenen Sportwagen überholte sie, er mit eingeölten, sie mit wehenden Locken. Wahrscheinlich hatten sie den neuen Film mit James Dean gesehen. Peggy war schon lange nicht mehr im Kino gewesen, kannte den Schauspieler aber aus den Zeitschriften, die beim Rodeo kursierten.

Unterwegs kam ihnen ein Pick-up-Truck entgegen. Zuerst schenkte sie ihm keine besondere Beachtung. In dieser Gegend gab es viele dieser Wagen, jeder Rancher und Farmer hatte einen. Doch als er näher kam, glaubte sie ihn zu erkennen, die abgeblätterte braune Farbe, die beiden Buchstaben auf dem Nummernschild, das Chrom am Kühlergrill. Der Wagen hatte auf dem Hof der Rockwell-Ranch gestanden, als sie wegen des abgebrannten Stalls dort gewesen waren.

Ohne es zu wollen, ging sie vom Gas. Sie beugte sich etwas nach vorn und kniff die Augen zusammen, erkannte die schattenhaften Umrisse eines jungen Mannes hinter der Windschutzscheibe. Auch der andere Wagen wurde jetzt langsamer.

»Das ist Marty!«, sagte sie.

Auch er hatte sie anscheinend erkannt und fuhr auf den breiten Seitenstreifen, erwartete wohl, dass sie ebenfalls hielt. Sie tat ihm den Gefallen, fuhr neben ihn und kurbelte das Fenster herunter. »Howdy, Marty«, grüßte sie ihn verlegen.

Er wirkte auch nicht gerade selbstbewusst. »Howdy, Peggy.«

Sie bemerkte die blutigen Schrammen auf seiner linken Backe, an der Schläfe und am Kinn. »Das war Buddy Miller, nicht wahr? Weil Sie mich befreit haben?«

»Nicht so schlimm«, spielte er die Verletzungen herunter.

»Vielen Dank, dass Sie mir geholfen haben«, sagte sie. »Ich weiß gar nicht, wie ich das wieder gutmachen kann.« Sie hätte ihn am liebsten berührt. Wenn er so verlegen war wie jetzt, wirkten seine blauen Augen noch tiefer und gefühlvoller. »Sie hätten mich liegen lassen sollen, Marty. Buddy Miller hatte einen Revolver.«

»Ich weiß … aber das würde er nicht wagen. Mein Vater würde ihn umbringen, wenn er auf mich schießen würde. Er hätte ihn so schon beinahe umgebracht.«

»Ich war dabei. Er hat ihn von unsrem Hof gejagt.«

»Mein Vater ist nicht so schlimm, wie manche denken.«

»Er ist ein sturer Bulle.«

Marty lächelte zum ersten Mal, seit sie nebeneinanderstanden. »So hat ihn meine Mutter auch immer genannt, als sie noch lebte. Sie starb, als ich vierzehn war … Tuberkulose. Würde sie noch leben, wäre vieles anders.« Er blickte eine Weile ins Leere, dachte an seine Mutter, die er wohl sehr geliebt hatte. »Wohin fahren Sie?«, fragte er.

»Wir haben Annie zum Flughafen gebracht«, antwortete Charlie. Es gab keinen Grund, ihm etwas zu verheimlichen. »Sie spricht in Washington vor einem Ausschuss. Jetzt dauert es nicht mehr lange, bis das neue Mustang-Gesetz kommt.«

Marty nickte. »Sie ist eine tapfere Frau.«

»Ich bin sehr stolz auf sie.«

»Und ich bin froh, dass mit der Tierquälerei endlich Schluss ist. Ich hätte schon viel früher damit aufhören sollen, aber mein Vater … ich glaube, er hätte mich windelweich geschlagen, wenn ich mich geweigert hätte. Ich sollte mich endlich wie ein Mann benehmen, wie einer, auf den er stolz sein kann, und nicht wie ein kleines Mädchen, das abends am Lagerfeuer an der Gitarre zupft. ›Das tun Cowboys nur in Filmen‹, sagt er immer.«

Peggy blickte auf die Gitarre, die neben ihm auf der Sitzbank lag. Erst jetzt bemerkte sie die prall gefüllte Reisetasche daneben. »Fahren Sie für länger weg?«

»Ich bin ausgezogen«, gestand er. »Das ist alles, was ich besitze.«

»Sie haben sich Ihrem Vater widersetzt?«

»Und wie«, erwiderte er, »ich hab mich selbst nicht wiedererkannt. ›Dad‹, hab ich gesagt, ›ich hab langsam die Schnauze voll, nach deiner Pfeife zu tanzen.‹ Das hab ich wirklich gesagt. ›Buddy Miller ist ein skrupelloser Verbrecher und seine Kumpane sind nicht viel besser, und Wild Horse Annie hat recht, es ist eine große Schweinerei, die Mustangs auf diese Weise zu fangen. Ich gehe, Dad. Ich bin kein Cowboy. Ich war nie einer und werde nie einer sein. Ich will versuchen, es mit der Musik zu schaffen, und wenn ich dafür ein paar Jahre tingeln muss.‹«

»Das war sehr mutig von Ihnen.«

»Ich dachte natürlich, er holt seine Bullenpeitsche und schlägt sie mir links und rechts um die Ohren, aber er grinste nur und sagte: ›Endlich redest du wie ein Mann, mein Junge. Hier hast du tausend Dollar. Teil sie dir gut ein, denn mehr bekommst du nicht. Versuche auf deine Weise glücklich zu werden. Wenn ich das Radio einschalte und deine Stimme höre, weiß ich, dass du es geschafft hast.‹ Dann drehte er sich um, und ich sprang in den Pick-up und fuhr davon.«

»Und wo soll es jetzt hingehen?«

»Nashville, Los Angeles … was weiß ich? Aber wir werden uns wiedersehen, Peggy, und wenn ich von einem Rodeoplatz zum anderen dafür fahren muss.«

Ihre Augen waren feucht geworden. »Viel Glück, Marty!«

»Wir sehen uns, Peggy.«

Marty fuhr nach Westen weiter und sie steuerte ihren Pick-up in die andere Richtung. Bis zur Abzweigung wagte sie nicht, Charlie anzusehen. Als sie es schließlich doch tat, erkannte sie, dass er grinste. Sie blickte schnell geradeaus.

»Weißt du was?«, sagte er. »Du hast denselben Ausdruck in deinen Augen wie Annie, als wir uns das erste Mal geküsst haben. Du bist in den Burschen verliebt.«

»Ich weiß«, erwiderte sie nur.

Vor dem Ranchhaus herrschte seltsame Stille, als sie ausstiegen und Charlie die Tüte mit den Lebensmitteln von der Ladefläche nahm. Nicht mal Hopalong kam ihnen entgegen. Er zog es vor, mit eingezogenem Schwanz unter der Veranda sitzen zu bleiben und ängstlich zu jaulen.

»Irgendwas ist hier faul«, sagte Charlie leise.

»Tante Martha! Donna! Alles okay?«, rief Peggy.

Aus dem Haus kam keine Antwort. Außer Hopalongs leisem Jaulen und dem Wind, der in den Baumkronen am nahen Fluss rauschte, war nichts zu hören.

Peggy öffnete das Fliegengitter und stieß die Tür nach innen. Sie trat rasch zur Seite, damit rechnend, dass jemand auf sie schießen oder sie mit einem Knüppel empfangen würde. Doch das Wohnzimmer war leer. Aus der Küche drang leises Blubbern vom Herd. Auf dem Tisch lag eines der Bücher aufgeklappt, die Annie aus der Bücherei mitgebracht hatte.

»Tante Martha? Donna?«

Aus der kleinen Kammer, in der Tante Martha das Putzzeug aufbewahrte, kam ein leises Geräusch. Charlie stellte die Tüte mit den Lebensmitteln auf den Wohnzimmertisch und schlich durch den Flur. Mit einem Ruck zog er die Tür auf.

Ein schriller Angstschrei ließ Peggy und ihn zusammenfahren.

»Tante Martha! Donna!«, rief er überrascht. »Was tut ihr denn hier?«

»Gott sei Dank!«, stieß Tante Martha erleichtert hervor, nachdem sie und das Mädchen sich ein wenig beruhigt hatten. »Ich dachte schon, dieser fürchterliche Kerl wäre zurück. Er hat Hopalong getreten, der Tierquäler.«

Sie halfen den beiden aus der Kammer und gingen ins Wohnzimmer. Charlie brachte ihnen ein Glas Wasser, und Peggy nahm Donna in den Arm und drückte sie fest. »Du brauchst keine Angst mehr zu haben«, tröstete sie das Mädchen. »Der böse Mann kommt bestimmt nicht mehr zurück. Jetzt ist alles wieder gut. Wir haben dir auch was Feines zum Nachtisch mitgebracht. Jell-O mit Waldmeister.« Donna mochte den süßen Wackelpudding. »Und für morgen eines mit Erdbeergeschmack.«

Donna nickte nur und klammerte sich an sie.

»Es war dieser Buddy Miller«, berichtete Tante Martha. Auch ihr hatte der Mustangjäger große Angst ein-

231

gejagt. »Zuerst hat er den armen Hopalong getreten, weil er ihm im Weg war, und dann kam er mit erhobenem Revolver hier rein und fragte nach Annie und dir, Charlie, und wo wir diese …« Sie blickte Peggy und das Mädchen an. »Das schmutzige Wort möchte ich lieber nicht wiederholen. Wo wir dich gelassen hätten, Peggy. Ich hatte Angst, vor allem um Donna, die sofort zu weinen begann, und sagte ihm die Wahrheit … dass ihr Annie zum Flughafen bringen würdet. Er grinste nur und sagte, dass er … er meinte Peggy und Annie, dass er ihnen schon zeigen würde, dass man ihn nicht ungestraft hereinlegen dürfe. Sobald er aus den Bergen zurück wäre, würde er sich Dusty schnappen und ihn mit den anderen Pferden zum Schlachthof bringen.«

»Er darf Dusty nicht mitnehmen!«, jammerte Donna.

»Keine Angst!«, sagte Peggy. »So weit lassen wir es nicht kommen.«

»Als wir euren Pick-up hörten, dachte ich zuerst, er wäre zurückgekommen. Deshalb haben wir uns in der Kammer versteckt. Wir hatten fürchterliche Angst.«

»Das habt ihr gut gemacht«, sagte Charlie.

Peggy war mit ihren Gedanken schon ganz woanders. »Er wollte in die Berge?«, hakte sie nach. »Er hat gesagt, ›sobald er aus den Bergen zurück wäre‹ …?«

»Nicht nur das«, erwiderte Tante Martha. »Er hat damit geprahlt, dass er eine prächtige Herde gefunden hätte. Und dass …« Sie blickte Charlie an. »… dass kein Mustang vor ihm sicher wäre, selbst wenn sie sich so gut verstecken würden wie die. Ich habe keine Ahnung, was er damit gemeint hat, aber das hat er gesagt.«

Peggy wurde übel. »Er hat das Tal gefunden.«

»Welches Tal?«, fragte Charlie.

»Das versteckte Tal, von dem ich euch erzählt habe. Die Mustangherde, die Jeremiah Red Legs entdeckt hat. Mein Gott, wenn sie es auf diese Herde abgesehen haben …« Sie brauchte eine Sekunde, um den schrecklichen Gedanken zu verarbeiten. »Dem Indianer bricht es das Herz, wenn sie die Pferde fangen.«

»Nicht nur ihm«, erwiderte Charlie. »Aber so weit lasse ich es nicht kommen.« Er holte seinen Revolver und überprüfte die Trommel. »Diesmal halten wir sie auf. Ich würde es mir niemals verzeihen, wenn Annie in Washington das Gesetz durchbringt, und wir lassen inzwischen zu, dass eine Herde vernichtet wird.«

»Ich begleite dich«, sagte Peggy. »Ich kenne den Weg.«

Sie verabschiedeten sich von Tante Martha und Donna, die keine Angst mehr hatten, als Charlie ihnen versprach die Mustangjäger aufzuhalten, und gingen zu den Pferden. Dusty freute sich mächtig, als Peggy ihn mit einer halben Mohrrübe aus ihrer Jackentasche begrüßte, und auch die Stute, die Charlie ausgesucht hatte, war froh, dass es endlich mal wieder auf einen Ausflug ging. Auf dem ersten Teilstück des Weges übernahm Charlie die Führung. Er saß locker im Sattel, auch auf den steilen Pfaden, und trieb die Stute mit einem lauten Schnalzen an. Den Revolver hatte er wie ein Westernheld im Gürtel stecken. Sie blieb dicht hinter ihm, konnte sich auf Dusty verlassen, der auf den leichtesten Schenkeldruck reagierte und so aufmerksam wie selten war. Anscheinend hatte er genau verstanden, was von ihm verlangt wurde.

Die letzten zwei Meilen ritt Peggy voran. Nur sie wusste genau, wo der zerklüftete Canyon lag, durch den die Mustangs in den Tunnel verschwunden waren. Schon von Ferne hörten sie das laute Brummen eines kleinen Flugzeugs, das plötzlich über den Bäumen auftauchte und in einem gewagten Manöver nach unten stieß. Die meisten Piloten, die mit den Mustangjägern zusammenarbeiteten, verdienten sich sonst bei einem Flying Circus ihr Geld oder waren im Krieg geflogen.

Peggy trieb ihren Wallach zur Eile an und lenkte ihn in den Canyon hinab, in dem sie die Mustangherde zum ersten Mal gesehen hatte. Hinter einigen Bäumen zügelten sie ihre Pferde. Das Brummen des Flugzeugmotors klang jetzt so laut und nahe, als wäre die Maschine direkt über ihnen, und tatsächlich tauchte sie schon im nächsten Augenblick in der Schlucht auf und zog gleich darauf in einer steilen und waghalsigen Kurve wieder davon. Der Pilot hatte seine Arbeit getan.

Die Mustangs liefen in die Staubwolke, die er aufgewirbelt hatte, und flohen am Flussufer entlang, im großen Abstand gefolgt vom Pick-up, der auf dem unebenen Boden langsamer vorankam als auf den Ebenen. Der weiße Hengst lenkte die Herde so plötzlich vom Fluss weg, dass Santiago, der wieder am Steuer saß, den Wagen beinahe zum Kippen brachte. Marty war nicht mehr dabei, stellte Peggy zufrieden fest.

»Die Mustangs schaffen es allein«, flüsterte Peggy. »Sieh dir den Hengst an, der hält die Jäger regelrecht zum Narren. Wenn er die Herde unbeschadet in das Wäldchen bringt, hat er gewonnen.«

Der Mexikaner brachte den Wagen wieder in die Spur und raste hinter den Mustangs her. Buddy Miller lehnte mit dem linken Unterarm auf dem Fahrerhaus und zielte mit einem Gewehr auf die Tiere, aber der Wagen schaukelte auf dem zerklüfteten Boden, der von zahlreichen Grasinseln durchsetzt war und bis zu dem Wäldchen reichte, und er konnte nicht genau zielen. Seine Schüsse gingen alle ins Leere. Es gelang ihm lediglich, eine Stute und ihr Fohlen abzudrängen, bevor der Hengst die übrigen Mustangs in das Wäldchen getrieben hatte.

Nur einen Augenblick später kehrte er zurück und hielt nach der Stute und ihrem Fohlen Ausschau, aber jetzt stand der Pick-up, und Buddy Miller verfehlte den Hengst nur knapp. Er verschwand mit einem schrillen Wiehern im Wald.

»Ich hab doch gleich gesagt, in den Bergen hat es keinen Zweck«, schimpfte Ron Baxter. »Wir können von Glück sagen, dass der Pick-up heil geblieben ist.«

»Wenn Santiago besser gefahren wäre …«, begann Buddy Miller.

»Der Mexikaner kann nichts dafür«, fuhr Ron Baxter ihm über den Mund. »Der verdammte Boden ist schuld. Und dieser Hengst … so hat uns noch keiner der elenden Klepper an der Nase rumgeführt. Warum hast du ihn nicht erschossen?«

»Hab ich doch versucht«, rief Buddy Miller. »Aber dafür knalle ich eine Braut aus seinem Harem und eines seiner Babys ab!« Er richtete sein Gewehr auf das Fohlen und hatte die Hand bereits am Abzug, als Charlie seine Deckung verließ.

Mit gezogenem Revolver ritt er auf den Mustangjäger zu. »Runter mit dem Gewehr! Aber ein bisschen plötzlich! Die anderen auch! Hände von den Waffen!«

Buddy Miller drehte sich erschrocken um und grinste frech, als er Charlie erkannte. »Sieh mal einer an! Der Indianer! Was tust du denn hier?«

Charlie ließ sich nicht provozieren. »Gewehr fallen lassen! Sofort! Den Revolver auch! Zieh ihn mit Fingerspitzen raus und lass ihn fallen!«

Zähneknirschend kam Buddy Miller der Aufforderung nach. Aber geschlagen gab er sich noch lange nicht. »Und jetzt? Was hast du jetzt vor, Rothaut? Willst du uns alle fesseln? Du bist allein und wir sind zu dritt, schon vergessen? Und wenn unsere Freunde mit dem Laster kommen, sind wir zu fünft! Was meinst du, was wir dann mit dir machen? An deiner Stelle würde ich schleunigst verschwinden und dem guten Manitu danken, dass du heil hier rausgekommen bist!«

»Charlie ist nicht allein!«, rief Peggy wütend und verließ ebenfalls ihre Deckung. »Und Sie sind ein gemeiner Verbrecher!« Sie ritt an den Mustangjägern vorbei und trieb die Stute und ihr Fohlen in das Wäldchen, hörte an dem erleichterten Wiehern zwischen den Bäumen, dass der Hengst noch in der Nähe war.

Dann kehrte sie zurück und zügelte neben Charlie ihren Wallach. Sie wunderte sich selbst, wie wenig Angst sie hatte. »Verschwindet!«, fuhr sie die Mustangjäger an. »Lasst euch nicht mehr blicken! In ein paar Tagen ist das Gesetz durch, dann ist sowieso Schluss! Wenn man euch dann erwischt, landet ihr im Gefängnis!«

Buddy Miller grinste immer noch. »Sieh an«, sagte er wieder, »der tapfere Häuptling versteckt sich hinter einem Mädchen. Bist wohl zu feige, Rothaut?«

»Lass den Unsinn, Buddy!«, sagte Baxter zu ihm. »Das bringt doch nichts.«

»Ich lass mich nicht so abspeisen!«, fauchte er zurück.

Im selben Augenblick erklang Motorengeräusch, und der Lastwagen mit den beiden Freunden der Mustangjäger ratterte in die Schlucht.

»Na? Was hab ich gesagt?«, triumphierte Buddy Miller.

Doch das Lachen verging ihm gleich wieder. Aus der

Staubwolke, die hinter dem Lastwagen aufwallte, ritten ungefähr zwanzig Siouxkrieger, die meisten mit Federn in den langen Haaren, nur mit Lendenschurzen bekleidet wie ihre Vorfahren, wenn sie auf den Kriegspfad geritten waren. Ihre grimmigen Gesichter wirkten so entschlossen, als hätte man die Zeit siebzig Jahre zurückgedreht, und vor ihnen stünden weiße Siedler oder Soldaten der Siebten Kavallerie.

Die Gewehre und Pistolen, die manche in den Händen hielten, waren allerdings neueren Datums und auf die Mustangjäger gerichtet. Angeführt wurden sie von einem älteren Indianer, der sich eine gestreifte Eisenbahnermütze in die Stirn gezogen hatte.

»Verschwindet!«, rief er den Mustangjägern zu. »Für immer!«

Selbst Buddy Miller streckte jetzt die Waffen. Und Ron Baxter brauchte dem Mexikaner nicht mal einen Befehl zuzurufen. Er verstand auch so, was es geschlagen hatte, und steuerte den Pick-up aus dem Canyon. Der Lastwagen folgte ihm. Keiner der Mustangjäger wagte es, sich nach den Indianern umzublicken.

Jeremiah Red Legs zügelte sein Pferd vor Peggy und Charlie. »Ich hab euch doch gesagt, dass ich gute Freunde bei den Sioux habe. Sie sind schon seit Tagen unterwegs und den langen Weg von South Dakota gekommen, um Wild Horse Annie zu helfen. Hokahey!«

»Hokahey!«, antworteten die Krieger im Chor. Die meisten lachten.

20

Hätte es kein Telefon gegeben, wäre den Reportern spätestens beim Anblick der heimkehrenden Wild Horse Annie klar geworden, dass ihr Auftritt in Washington erfolgreich verlaufen war. Sie strahlte über das ganze Gesicht, als sie aus dem Flugzeug stieg, und rief schon von fern: »Charlie! Peggy! Wir haben es geschafft!«

Als sie endlich die vielen Reporter abgeschüttelt hatte und zu ihnen vorgedrungen war, umarmten die beiden sie stürmisch, und alle weinten vor Freude, selbst Charlie, der in der Öffentlichkeit sonst immer so beherrscht war. Dass die Fotografen dabei um die Wette knipsten, war ihnen vollkommen egal. »Im Herbst will Präsident Eisenhower das neue Gesetz unterschreiben«, berichtete Annie. »Die Leute nennen es ›Wild-Horse-Annie-Act‹, stellt euch vor!«

Natürlich feierten sie zu Hause, und Congressman William S. Baring ließ es sich nicht nehmen, persönlich bei ihnen vorbeizuschauen und Annie einen Blumenstrauß vorbeizubringen. Lura Tularski war praktischer veranlagt und brachte einen großen Kuchen, denn sie hatten nicht nur das Gesetz zu feiern, sondern auch die Erlaubnis, dass Donna bei den Johnstons bleiben durfte. »Eigentlich sollten wir die Ranch in ›Triple-Lazy-Heart-Ranch‹ umbenennen«, sagte Charlie und vergaß Peggy, die lachend protestierte: »Und was ist mit mir?«

239

Nachdem sich die Aufregung dieser Tage gelegt hatte, richtete sich die Aufmerksamkeit auf das bevorstehende Rodeo in Las Vegas. Lura Tularski schrieb einen neuen Artikel mit der Überschrift »Das Duell der Cowgirls« und den Zeilen: »Peggy Corbett kneift nicht! Die tapfere Rodeo-Reiterin, die entscheidenden Anteil daran hat, dass Wild Horse Annie den Schutz der Mustangs in Washington durchsetzen konnte, tritt beim großen Rodeo in Las Vegas gegen ihre erbitterte Konkurrentin aus Texas an. Am Samstag wird sich zeigen, ob Dixie Malone sich auch weiterhin das ›schnellste Cowgirl des Rodeos‹ nennen darf. Peggy ist die einzige Reiterin, die ihr bisher gefährlich wurde und beim Rodeo in Reno nur vier Zehntelsekunden langsamer war. Die nächsten Rodeos verpasste sie wegen ihrer aufopfernden Arbeit für Wild Horse Annie. Die Texanerin, mit ihrer weißen Stute Bluebonnet bisher ungeschlagen, legte ihr das Fernbleiben als Feigheit aus und tönt auch jetzt: »Gegen eine Texanerin hat niemand eine Chance!«

Peggy hatte die letzten Tage vor ihrer Abreise nach Las Vegas unermüdlich trainiert. Charlie und Jerry Red Legs, der aus den Bergen gekommen war und zwei Tage auf der Double-Lazy-Heart verbracht hatte, waren bei ihr und verrieten ihr noch einige Tricks, die sie von ihren Vorfahren gelernt hatten. »Versprich ihm, dass du seine Mähne mit dem Skalp der Texanerin verzieren wirst«, sagte Jerry Red Legs. Natürlich grinste er dabei,

240

genau wie Charlie, der ihr ein indianisches Schimpf-
wort verriet, das sie ihm vor dem Start zuflüstern sollte.

»Du gewinnst!«, sagte Donna, als sie nach Las Vegas
unterwegs waren. Peggy nahm das Mädchen in ihrem
Pick-up mit, und sie würde auch bei ihr schlafen. Charlie hatte einen Campingauflieger für sie aufgetrieben
und ihn auf die Ladefläche ihres kleinen Lasters mon-
tiert. Charlie und Annie fuhren in ihrem eigenen Pick-
up und nahmen den Pferdeanhänger mit Dusty mit.
Sie bildeten einen kleinen Konvoi, Peggy und Donna
vornweg, Annie und Charlie dahinter. Alle hatten blen-
dende Laune, nur Peggy war angespannt und nervös.
Sie wusste nur zu genau, was für einen guten Tag sie
erwischen musste, um Dixie schlagen zu können.

Sie erreichten Las Vegas am späten Freitagnachmit-
tag. Die bunten Neonlichter am Strip brannten schon,
und Peggy und Donna blickten staunend an den glit-
zernden Fassaden des *Golden Nugget* und *Flamingo* empor. »Wow!«, rief Donna mit großen Augen. »Haben
die aber viele bunte Lichter! Sind das alles Hotels?«

»Hotels und Casinos«, erklärte Peggy. »Da spielen
die Erwachsenen um viel Geld. Karten und Würfeln
und so was. Aber wir dürfen da nicht rein. Erst mit
einundzwanzig. Und selbst dann lasse ich es sein, ich
würde doch nur verlieren.«

»Wozu auch? Du holst dir den Jackpot beim Rodeo!«

Auf den Rodeo Grounds am Stadtrand war bereits
einiges los. Von der Hauptstraße lenkte ein Teilnehmer

nach dem anderen sein Gespann auf das Gelände um
die eingezäunte Arena und folgte den Anweisungen der
Helfer, die um diese Zeit besonders viel zu tun hatten.
Die Betreiber von Imbissbuden und Verkaufsständen
parkten ihre Wohnwagen oder bauten Zelte auf, aus
den Koppeln drang das Wiehern der Pferde herüber,
auf denen sich die Wildpferdreiter beweisen mussten.
In der Koppel daneben erweckten die mächtigen Bullen den Eindruck, schläfrig und harmlos zu sein. Ein
Irrglaube, wie Peggy wusste. Sobald man die mächtigen
Tiere in die Arena ließ, würden sie den Cowboys ordentlich zu schaffen machen.

Peggy erwischte einen Platz nahe bei den Koppeln
und erkannte Dixie Malone schon aus der Ferne. Mit
ihren langen blonden Haaren, ihrem perfekten Make-
up und in ihrer maßgeschneiderten Cowgirl-Kleidung
sah sie wie immer hinreißend aus, das musste ihr der
Neid lassen, dagegen wirkte Peggy in ihren hochgeroll-
ten Dungarees, der gemusterten Bluse und mit ihrem
locker gebundenen Pferdeschwanz wie eine einfache
Farmerstochter. Die Zügel von Dixies Pferd hielt ein
junger Mann, der ebenso elegant gekleidet war wie
sie und einen leuchtend weißen Cowboyhut über seine kurz geschorenen Haare gestülpt hatte. An seinem
Gürtel funkelte eine Schnalle aus echtem Silber. Alex
Sweeney, Dixies Verlobter, auch das hatte in den Zeitungen gestanden, allerdings auf den Klatschseiten.

Peggy stieg aus, half Donna aus dem Wagen und

242

wies Charlie mit dem Pferdeanhänger ein. Mit einer halben Mohrrübe begrüßte sie Dusty, lobte ihn dafür, dass er die lange Fahrt so tapfer durchgestanden hatte, und flüsterte ihm ins Ohr: »Da drüben steht Dixie. Sieh bloß nicht hin, sonst holst du dir was an den Augen. Die beiden funkeln und glitzern wie eine Prinzessin und ihr weißer Ritter. Sie hat sich verlobt, weißt du? Aber du wirst ihnen die Verlobungsfeier verderben, versprichst du mir das?«

Dusty antwortete mit einem Schnauben, blickte dann doch hin und wandte sich gleich wieder ab. Vielleicht hatte er den strafenden Blick von Bluebonnet aufgefangen, deren Fell wie Seide glänzte und in der tief stehenden Sonne leuchtete.

»Wir schauen nachher noch mal vorbei«, sagte Charlie, als er sich verabschiedete. Er und Annie hatten ein Zimmer in einem preiswerten Motel reserviert. »Stört dich Donna auch nicht? Du willst doch jetzt sicher deine Ruhe haben?«

»Donna ist mein Talisman«, erwiderte Peggy zur Freude des Mädchens.

Während Donna im Camper blieb und dort aufräumte, wie sie sich ausdrückte, ritt Peggy auf den staubigen Platz hinter der Arena, um Dusty etwas Bewegung zu gönnen. Der Wallach hatte während der letzten Wochen nur erstklassiges Gras gefressen und fühlte sich pudelwohl, reagierte auf den leichtesten Schenkeldruck.

243

»Hey, Peggy«, rief ihr einer der Bullenreiter zu. »Schön, dass du wieder da bist. Dein Dusty hat sich prächtig rausgemacht. Du willst diesmal gewinnen, was?«

»Das wollen wir doch alle«, erwiderte sie.

Sie stieg aus dem Sattel und führte ihren Wallach über den Parkplatz. Zwischen einigen Pick-ups sah sie Dixie und ihren Verlobten inmitten eines Pulks von Reportern stehen. Sogar ein Kameramann und ein Reporter des Fernsehens waren dabei. Die Blitzgeräte der Fotografen leuchteten in der Dämmerung, der Scheinwerfer des Fernsehteams flammte auf und tauchte die Szene in grelles Licht.

Neugierig blieb sie stehen.

»… habe keine Angst vor Peggy«, hörte sie Dixie sagen. »Sie kommt aus Montana, wissen Sie, und da arbeiten die Cowgirls lange nicht so professionell wie in Texas. Oder hat ein Mädchen aus Montana jemals den Titel gewonnen?«

»Sie soll in Topform sein«, rief ein Reporter.

Durch den Pulk beobachtete Peggy, wie Dixie die Augenbrauen hochzog. »Und wenn sie dreimal in Topform ist, gegen Bluebonnet und mich hat sie nicht die geringste Chance.«

»Mit wie vielen Zehnteln Vorsprung wollen Sie gewinnen?«

»Zehnteln?«, erwiderte Dixie. »Sie meinen wohl Sekunden.«

244

»Angeberin«, lästerte Peggy leise.

Sie wollte schon weitergehen, als einer der Reporter sie entdeckte und aufhielt: »Miss Corbett, nicht wahr? Wie wollen Sie Dixie Malone morgen schlagen?«

Indem ich schneller bin, hätte sie am liebsten geantwortet. »Ich habe nie gesagt, dass ich Dixie schlagen werde. Aber ich werde mein Bestes geben. Dusty und ich sind in Hochform, und wenn wir einen guten Tag erwischen, ist alles möglich.« Eine kleine Spitze konnte sie sich jedoch nicht verkneifen: »Da, wo ich herkomme, ist das Gras besser als in Texas, deshalb sind unsere Pferde gesünder. Irgendwann wird sich das auszahlen. Und dann muss auch Bluebonnet passen.«

Jetzt waren auch die anderen Reporter auf sie aufmerksam geworden. Sogar der Kameramann des Fernsehens lief zu ihr, den Reporter im Schlepptau. Und alle hatten dieselben Fragen: »Wie wollen Sie Dixie Malone schlagen? Ist es überhaupt möglich, gegen eine Profireiterin aus Texas zu gewinnen? Ist Bluebonnet nicht ein wesentlich besseres Pferd als ihr … wie war doch noch der Name? Wird es nicht schon schwer genug sein, den zweiten Platz hinter Dixie zu ergattern?«

Peggy ließ sich nicht provozieren, brachte nicht mal mehr eine Spitze an. »Wie gesagt, Dusty und ich werden unser Bestes geben. Wir haben gut trainiert und fühlen uns besser denn je. Außerdem habe ich Donna dabei, meine kleine Freundin. Sie hat versprochen mich so laut anzufeuern, dass ich gewinnen muss.«

»Und was sagen Sie dazu, dass Dixie sie als Feigling bezeichnet hat?«

»Was soll ich dazu sagen? Das war unfair und ungerecht.«

»Was antworten Sie darauf, Peggy?«

»Meine Antwort gebe ich in der Arena«, erwiderte sie kühn.

In dieser Nacht schlief Peggy sehr unruhig. Die Aufregung vor dem Barrel Racing am nächsten Tag, das von der Presse zum »Zweikampf zwischen einfacher Farmerstochter und texanischem Glamour-Girl« hochstilisiert worden war, obwohl Peggys Eltern gar keine Farmer gewesen waren, ließ sie mehrmals aufwachen. Einmal glaubte sie Dusty unruhig wiehern zu hören. Sie stand auf und ging zur Koppel, nur um festzustellen, dass er sich hingelegt hatte und fest schlief.

Am nächsten Morgen wurde sie von Donna geweckt. Das Mädchen half ihr Dusty zu füttern und ihn zu striegeln, und als Peggy von ihrem ersten Ritt zurückkehrte, wartete es bereits mit dem Frühstück auf sie. »Daran könnte ich mich gewöhnen«, sagte Peggy fröhlich. »Jetzt musst du mir nur noch die Reporter vom Hals halten!«

Und das tat Donna tatsächlich: Als einer der Reporter am späten Vormittag vor ihrem Camper erschien, kletterte Donna aus dem Wagen und verkündete ernst: »Bitte erst nach ihrem Ritt. Sie muss sich jetzt auf den Wettkampf konzentrieren.«

246

Gegen Mittag kamen nicht nur Annie und Charlie vorbei, um ihr Glück zu wünschen. Zu ihrer Überraschung ließen sich auch andere Bekannte sehen. Congressman Walter S. Baring, der einen Zwischenstopp auf dem Weg nach Washington nutzte, um sich das Rodeo anzusehen; Gordon Harris, Annies Chef, der viel zu neugierig war, um sich den spannenden Zweikampf entgehen zu lassen; und Toby und Susan mit ihren Eltern. »Wir drücken dir fest die Daumen!«, versprachen sie. »Im nächsten Sommer dürfen wir wieder zu euch auf die Ranch. Gibt es dann auch wieder ein Rodeo?«

»Ganz sicher«, erwiderte Peggy. »Ich freue mich schon auf euch.«

Die letzte halbe Stunde vor dem Barrel Racing war Peggy mit ihrem Wallach allein. Donna war zu Annie und Charlie auf die Tribüne gegangen, um besser sehen zu können. Wie alle anderen Reiterinnen konzentrierte sich Peggy auf den bevorstehenden Ritt. Sie überprüfte, ob der Sattel richtig lag, der Sattelgurt fest genug war und die Steigbügel die richtige Länge hatten, bewegte Dusty auf dem sandigen Platz hinter der Arena und beugte sich immer wieder zu ihm hinunter und sprach eindringlich mit ihm. Nur einmal nahm sie Dixie aus den Augenwinkeln wahr. Die Texanerin musterte sie spöttisch, als sie an ihr vorbeiritt.

Die ersten Reiterinnen kamen in die Arena. Sie holten gute Zeiten heraus, besonders das Mädchen aus Wyoming, das schon in Reno auf dem dritten Platz gelandet war. »17,1 Sekunden«, verkündete der Ansager, »das ist eine gute Zeit, das ist sogar eine sehr gute Zeit, aber noch waren die Favoritinnen ja nicht in der Arena. Als vorletzte Reiterin begrüßen wir die Königin des Barrel Racing, Miss Dixie Malone aus Fort Worth in Texas! Zeig ihnen, was du kannst, Dixie!«

Während Dixie durch die Arena fegte und sensationelle 16,2 Sekunden vorlegte, verharrte Peggy abseits des Trubels. Sie saß leicht vornübergebeugt im Sattel, die Augen geschlossen und mit den Gedanken nur bei Dusty. Wie Charlie es ihr beigebracht hatte. »Konzentriere dich auf ihn, dring in seine Gedanken und sag ihm, dass er schneller als Bluebonnet ist«, hatte er gesagt. »Er muss es glauben, Peggy, er muss spüren, wie wichtig dieser Ritt ist, was von ihm gefordert wird.«

Als sie den Kopf hob, ritt Dixie gerade aus der Arena. Auf ihrem hübschen Gesicht lag das strahlende Lächeln einer Siegerin, die genau wusste, dass nur noch eine Weltklasseleistung sie vom Thron stoßen konnte. »Viel Glück!«, wünschte sie ihrer Konkurrentin, aber Peggy hörte schon am Tonfall, dass es nicht ehrlich gemeint war.

»Der Augenblick, auf den wir gewartet haben, ist endlich gekommen«, machte der Ansager es spannend. »Als letzte Starterin dieses Wettbewerbs reitet Miss Peggy Corbett aus Montana. Sie lebt jetzt auf der Double-Lazy-Heart-Ranch in Nevada und fühlt sich stark genug, die führende Dixie Malone zu schlagen.

248

Aber Dixie hat unglaubliche 16,2 Sekunden vorgelegt. Werden Peggy und ihr Wallach Dusty das Unmögliche schaffen? Werden sie diese Zeit unterbieten?«

Angespannte Stille legte sich über die Arena. Peggy saß locker im Sattel, die Zügel in der linken Hand, die rechte erhoben und zum Anfeuern bereit. Sie sah nicht, wie Annie und Charlie die Daumen drückten, wie Donna vor Aufregung an den Nägeln kaute, wie selbst Congressman Baring und Gordon Harris den Atem anhielten. Sie dachte nur an Dusty und den bevorstehenden Ritt. Jetzt kommt es darauf an, signalisierte sie ihm, dafür haben wir die ganze Zeit trainiert.

»Und los!«, rief der Starter.

Ihre Hand klatschte bereits auf das Hinterteil des Wallachs, als das Startsignal kam. Mit einem unglaublichen Satz schoss Dusty nach vorn. Mit seiner ganzen Kraft stieß er sich vom Boden ab, erreichte die erste Tonne schon nach wenigen Galoppsprüngen und schrammte mit der Flanke daran entlang. Die Tonne schwankte leicht, aber sie fiel nicht, und Dusty schoss bereits auf das zweite Hindernis zu. Peggy hing weit über seinem Hals, als er herumgaloppierte, berührte die Tonne mit dem rechten Oberschenkel, blieb wie angeklebt im Sattel sitzen, als er tief in die Hocke ging und dafür umso schneller nach vorn sprang, mit weiten Sätzen das letzte Hindernis anging. »Heya! Heya!«, feuerte sie den Wallach an, und »Heya! Heya!« riefen auch Annie, Charlie, Donna, Gordon Harris, Congressman

Baring, die Kinder Toby und Susan und sogar deren Eltern auf der Tribüne. So sicher wie nie zuvor umrundete Dusty die letzte Tonne, und mit unglaublichem Tempo meisterte er den letzten Spurt. Mit wehenden Haaren und so tief im Sattel, dass man sie kaum von ihrem Pferd unterscheiden konnte, galoppierte Peggy über die Ziellinie, aus der Arena hinaus und ließ Dusty langsam auslaufen.

»16,0 Sekunden!«, überschlug sich die Stimme des Ansagers. »Das ist der Sieg! Peggy Corbett ist schneller als Dixie Malone! Die Siegerin unseres diesjährigen Barrel Racings heißt Peggy Corbett! Herzlichen Glückwunsch, Peggy!«

Peggy beugte sich zu Dusty hinunter und bedankte sich bei ihm, zog eine Mohrrübe aus ihrer Jackentasche und gab sie ihm zu fressen. Erst dann kehrte sie in die Arena zurück, winkte dem Publikum zu, entdeckte ihre Freunde in der Menge und warf ihnen Kusshände zu. »Danke, meine Lieben! Vielen Dank!« Was für ein Augenblick, was für ein Jubel! Niemand hatte mehr Augen für Dixie, die wütend davonritt und sich in ihrem neuen Wohnwagen versteckte.

Bei der Siegerehrung streckte Peggy den großen Pokal mit beiden Händen empor. »Diesen Sieg«, rief sie ins Mikrofon des Ansagers, »widme ich meiner Freundin Wild Horse Annie. Sie hat es auf beispielhafte Weise geschafft, ein neues Gesetz zum Schutz der Mustangs durchzubringen. Annie, dieser Pokal ist für dich!«

250

Sie drehte eine Ehrenrunde und ritt mit strahlendem Gesicht aus der Arena. Als sie den jungen Mann mit der Gitarre über dem Rücken vor der Koppel stehen sah, begannen ihre Augen zu leuchten. »Marty! Genau im richtigen Augenblick!«

»Ich konnte Sie nicht vergessen, Peggy.«

»Und warum küssen Sie mich dann nicht?«, fragte sie, während sie aus dem Sattel sprang. »Oder haben Sie Angst, sich mit einem Champion sehen zu lassen?«

Nachwort

Dieser Roman beruht auf einer wahren Begebenheit. Natürlich habe ich Peggy und Donna erfunden, und auch eine Dixie Malone hat es nie gegeben, aber Velma Bronn Johnston, besser bekannt als Wild Horse Annie, und ihr Mann Charlie haben tatsächlich gelebt.

Annie wurde am 5. März 1912 in Reno, Nevada, geboren. Ihr Vater, Joseph Bronn, der mit seinen Eltern im Planwagen nach Nevada gekommen war, hatte tatsächlich nur überlebt, weil seine Mutter ihn mit der Milch einer Mustangstute gefüttert hatte. 1923 erkrankte Annie an Kinderlähmung. Sie verbrachte ein halbes Jahr in einem Korsett, das die Krankheit eindämmte, ihren Körper aber auf Lebenszeit deformierte. Auf der Ranch ihrer Eltern kümmerte sie sich vor allem um die Pferde. Sie heiratete den Halbindianer Charlie Johnston und übernahm die Double-Lazy-Heart-Ranch ihrer Eltern am Truckee River. Gemeinsam betrieben sie dort eine »Dude Ranch« für Problemkinder. Nebenbei und über vierzig Jahre lang arbeitete Annie als Sekretärin für den Insurance Broker Gordon Harris.

1950 beobachtete Annie während einer Autofahrt, wie Blut aus einem abgestellten Lastwagen tropfte. Auf der Ladefläche standen verletzte Mustangs und trampelten in ihrer Panik ein Fohlen beinahe zu Tode. Sie erfuhr, dass die Mustangs für den Schlachthof bestimmt

252

waren. Die Szene beeindruckte sie so nachhaltig, dass sie die nächsten Jahre damit verbrachte, die Öffentlichkeit auf die grausamen Methoden der Mustangjäger aufmerksam zu machen. Unter dem Schutz der Regierung jagten die Mustangjäger die wilden Pferde mit Flugzeugen und Pick-ups, warfen ihnen an schweren Autoreifen befestigte Lassos um den Hals und schossen sogar auf sie, um sie schneller zu ermüden und sie dann leichter auf die Trucks ziehen zu können. In den Schlachthöfen wurden die toten Pferde zu Hundefutter verarbeitet.

1955 führten Annies Aktivitäten dazu, dass die Jagd mit Flugzeugen und Trucks zumindest auf dem staatseigenen Land von Nevada verboten wurde. Doch sechsundachtzig Prozent der Fläche von Nevada waren bundeseigenes Land, das der Regierung der USA gehörte, und dort waren die grausamen Fangmethoden noch immer erlaubt. In einer beispielhaften Kampagne, mit der sie vor allem Schulkinder für ihr Anliegen begeisterte, schaffte sie es, die Öffentlichkeit aufzurütteln und den Kongressabgeordneten Walter S. Baring dazu zu bringen, ein Gesetz zum Schutz der Mustangs einzubringen. Die Mitglieder des House Judiciary Subcommittees überzeugte sie mit eindringlichen Worten während eines kurzen Besuchs in Washington. Am 8. September 1959 unterschrieb Präsident Dwight D. Eisenhower den »Wild Horse Annie Act 86-234«.

Ihr großes Ziel, Schutzgebiete für die bedrohten

253

Mustangs einzurichten und ihr Aussterben zu verhindern, erreichte Annie allerdings erst mit dem »Wild Free-Roaming Horse and Burro Act«, der 1971 in Kraft trat.

Die größten Schutzgebiete, in denen man die Mustangs heute beobachten kann, liegen innerhalb der Nellis Air Force Base in Nevada, im Pryor Mountain Refuge an der Grenze zwischen Montana und Wyoming und im Little Bookcliffs Refuge in Colorado. Der Mustangbestand wird vom BLM (Bureau of Land Management) kontrolliert.

Durch ein neues Gesetz, das Präsident George W. Bush im Dezember 2004 absegnete, dürfen wieder Massenschlachtungen von Mustangs, die älter als zehn Jahre sind, durchgeführt werden. Ihre Kadaver werden noch immer zu Hunde- und Katzenfutter verarbeitet. Die Tiere entgehen dem Schlachthof nur, wenn sie von Bürgern adoptiert werden. Ein Pferd kostet ungefähr 125 Dollar. Doch es ist unmöglich, alle dreißigtausend Mustangs, die heute in den Schutzgebieten des Westens leben, auf diese Weise zu retten.

Wild Horse Annie würde heute wahrscheinlich wieder auf die Barrikaden gehen, um das von Präsident Bush verabschiedete Gesetz zu bekämpfen, doch sie starb bereits am 27. Juni 1977 an Krebs.

254

Danksagung

Während der Recherchen zu diesem Buch war ich in Nevada und auf der Pryor Mountain Wild Horse Range in Montana und Wyoming unterwegs. In den abgelegenen Gegenden des Schutzgebietes war es mir möglich, Mustangs auf freier Wildbahn zu sehen und ihre Verhaltensweisen zu studieren. Dafür danke ich Jared Bybee, dem Horse and Burro Specialist des BLM (Bureau of Land Management). Für Informationen über Rodeo und Barrel Racing danke ich Arlene Haugland aus Montana, die während der 1950er Jahre zu den besten Rodeo-Reiterinnen gehörte. Auf zahlreichen Ranches in Wyoming und Montana traf ich Mustangs, die von befreundeten Ranchern adoptiert wurden. Wertvolle Hinweise erhielt ich durch das Studium der »Velma B. Johnston Special Collection« der Denver Public Library und Material der International Society for the Protection of Mustangs and Burros (www.isbmp. org) sowie der White Cloud Foundation (www.thecloudfoundation.org). Zu den Büchern, die mir bei der Arbeit geholfen haben, gehören »America's Last Wild Horses« von Hope Ryden und »Mustang: Wild Spirit of the West« von Marguerite Henry.

Christopher Ross
www.christopherross.de